U0664600

博客天下

摇摆与狂奔系列丛书

娱塘

最难得的是做自己

《博客天下》杂志社 编著

SPM

南方出版传媒

广东人民出版社

·广州·

图书在版编目（CIP）数据

娱塘：最难得的是做自己 /《博客天下》杂志社编著. —广州：广东人民出版社，2017.4

ISBN 978-7-218-11640-2

Ⅰ．①娱…　Ⅱ．①博…　Ⅲ．①文艺工作者—生平事迹—中国—现代　Ⅳ．①K825.7

中国版本图书馆 CIP 数据核字（2017）第 035251 号

YUTANG: ZUI NANDE DE SHI ZUO ZIJI

娱塘：最难得的是做自己

《博客天下》杂志社　编著

版权所有　翻印必究

出 版 人：肖风华

策　　划：肖风华
责任编辑：罗　丹
文字编辑：廖志芬
封面设计：童　杰
责任技编：周　杰

出版发行：广东人民出版社
地　　址：广州市大沙头四马路10号（邮政编码：510102）
电　　话：（020）83798714（总编室）
传　　真：（020）83780199
网　　址：http://www.gdpph.com
印　　刷：广州家联印刷有限公司
开　　本：787mm×1092mm　1/16
印　　张：17　**字　　数：**250千
版　　次：2017年4月第1版　2017年4月第1次印刷
定　　价：39.00元

如发现印装质量问题，影响阅读，请与出版社（020-83795749）联系调换。
售书热线：（020）83795240

总　序

人类正处于一个前所未有的急剧变革时代中。

什么都很快，吃得很快，走得很快，活得很快，老得很快。在所有的一切都快步向前时，可能只是稍微打了个盹，你就被落在了后面。

比如说博客。

不过短短几年时间，自媒体的主流形态就完成了两次迭代，一次是从博客到微博，一次是从微博到微信。在一些人眼里，博客彻底成了一个旧物，听起来很久远的样子——这种感觉可能跟一个五岁的孩子称自己两三岁时为小时候一样，虽然时间没过去多久，内心却像隔着万水千山。

作为一本名字里被深深打下了"博客"烙印的杂志，《博客天下》难免会给某些不明真相的人过时之感，被认为还在做博客时代的事情。其实不然，它不过是名字被留在了原地而已，内容一点儿都没耽搁。

从"中国第一本博客新闻杂志"，到"十天新闻，一网打尽"，到"博闻雅识，非凡之客"，《博客天下》Slogan的每一次变迁，都伴随着一次全面的自我革新和蜕变。从最初的文摘，到全原创，到现在的主打深度报道，它从无到有，一步一个脚印，搭建了独属于自己的内容矩阵。

时至今日，《博客天下》里的"博客"早已不再是一种互联网产品（blog），而被我们赋予了新的含义，它致力于让自己"博雅"，同时也希望它的读者"博雅"。

而如何在这个粗鄙、吵闹、匆忙的时代做到"博雅"，《博客天下》在长期的新闻实践中，给出了这样几条抵达路径：见识、品味和判断力。

受移动和非移动互联网影响，我们的生活时刻被形形色色扑面而来的碎片信息所环绕，获得见闻不再是一件难事，但见闻并不意味着见识；

从商业角度讲，《博客天下》毋庸置疑是一种产品，是产品自然就得追求品质，一本杂志的品质主要取决于外在的视觉呈现和内在的文字写作，但品质并不等于品味；

投身媒体事业的人大都知道，新闻报道的基石是事实和真相，尽管有时候去找寻它们并不容易，甚至会冒着一定风险，但掌握事实并不代表就拥有了判断力。

在我们看来，见识是见闻的进阶，品味是品质的进阶，判断力是事实还原的进阶，这背后关联着一本杂志提倡的整体的审美、趣味、格局、智识和价值观。特别是信息泛滥、悬疑丛生、众说纷纭、泡沫疯长的当下，见识、品味和判断力显得尤为重要。

这三要素一定程度上渗透到了《博客天下》的新闻报道中。从前期的选题策划到后期的采访写作，我们视生产有格调的新闻、追求未污染的文字为己任，既注重事实报道本身，又注重其背后的时代风潮和运转逻辑。

　　对这样一本涵盖了时事、商业、文化、娱乐等领域的综合性新闻刊物来讲，从数百期杂志中精选一部分文章出来结集成书并非易事。

　　因此，我们决定打破传统的题材和类型划分，而以时下人们关心和关注的问题为切口，将话题相关者辑合在一起，编撰成"摇摆与狂奔"书系，并贺《博客天下》杂志创刊九周年：

《未来大猜想》

《众声喧哗：公共舆论场里的改造与狂欢》

《两极：同一个世界的不同世界》

《刺猬的拥抱：在相爱与相杀之间共存》

《吃瓜群众在围观啥》

《向理想致敬：中国精英分子的坚守与狂奔》

《商界之道：顶级企业家的平凡生活与非凡韧性》

《娱塘：最难得的是做自己》

是为总序。

《博客天下》杂志社

序

就像大多数职业一样，对艺人来说，演戏是一件很务实的工作。

按照剧本设定，演绎不同的人物、表现不同的性格、展示不同的人生，这些或美好、或残缺的结局设定，仅呈现于镜头前，与个体无关。然而对于众多粉丝而言，他们更喜欢的是角色代入。

《娱塘》的意义不仅在于呈现一个职业，而是在职业之上，保留一份个人自我与角色的抵抗。

《娱塘》的关键词是"做自己"，所涉及的人物都是一二线演员明星。等卸下妆容，他们如何自处，如何和这个世界互动？

特别是在这个八卦横行、摄像头无处不在、偶像易碎的时代，婚变、丑闻等负面信息很容易就将一个人多年经营、包装的完美形象打破。一个演员最终以什么样的面貌示人，往往不取决于演技，而取决于他或她如何做自己。

有人信奉君子慎独，处处小心，不留把柄；有人我行我素，不拘小节，放荡不羁；有人表里如一，自爱自尊，直率坦诚。

有人戏里戏外相差不大，有人戏里戏外天壤之别。

这些都是做自己，或坦荡，或谨慎，或虚伪。做自己，可能会给一个演员加分，为其锦上添花，有可能意味着代价——王迅的婚变、周杰的打人，都曾让他们的星途一度布满乌云。

在《娱塘》里，你将会看到一个个蜕去光环的艺人，他们在现实生活中与自我的博弈、对抗、成全或放逐。

林青霞说最难演的是自己，何尝不是一种真情流露。

博雅天下传播机构董事长　荣　波

目录

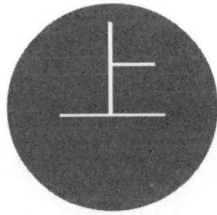

上

篇

圈里圈外

黄渤、王迅：两个低颜值男人的十年

十年前初次见面，黄渤和王迅谁也看不上谁。后来，他们惺惺相惜，一起凭借和颜值成反比的才华，改写了娱乐圈的审美曲线。

文/徐雯　编辑/卜昌炯　图/尹夕远

⫿⫿⫿ "傻"与"精"

下午3点半，王迅还没有吃午饭。沙发边的椅子上，放了一包助理刚买的饼干。透过他鼻梁上架着的黑框眼镜，能看见他的眼睛布满血丝。这一天，他凌晨4点睡，7点就起床，赶着录一个访谈和一个喜剧节目。

"这些节目以前都是上不了的。"王迅还没坐下，就开始自嘲。

2015年6月，王迅参加了东方卫视的明星真人秀《极限挑战》。这个主打"男人帮"概念的竞技游戏类节目，无异于现实版的宫斗，几乎囊括了所有的人际关系：合作、竞争、背叛、掠夺。

节目播出后，王迅除了落得一副憨厚、呆萌、总是被欺负的老实人形象，还收获了一个昵称——"极限三傻"中的二傻，大傻是孙红雷，小傻是张艺兴。剩下的3位男嘉宾，黄渤、黄磊、罗志祥，自然就被归为"极限三精"。

王迅参与这个节目缘于好友黄渤的推荐。"50亿帝"（主演影片票房累积超过50亿）黄渤是《极限挑战》里最大牌、最贵的嘉宾，相对而言，王迅是6人组中最不知名的。某种程度上，他们构成了这个节目的两极，一精一傻，一谐一庄，碰撞出了很多火花。

一个最能体现两人微妙人物关系的桥段是，第一期节目中，当其他嘉宾都已打开箱子开始执行任务时，王迅还提着箱子被黄渤忽悠着跟在他屁股后面跑，浑然不知自己是黄渤手到擒来的"猎物"。自此以后，黄渤有了一个新的身份——"遛王迅的人"。

王迅常以"傻人有傻福"解嘲。好几期节目中，他都是劣势开场，却笑到了最后。做客金星节目时，金星说了句一语双关的话："最大的赢家有可能是你王迅。"在《极限挑战》之前，这个来自四川的演员并不像节目里其他嘉宾那样为人熟知。第一次上街录制节目时，没有一个观众认识他。

"最多会看见了'哎'叫一下，但是名字和形象对不上号。"王迅告诉《博客天下》。

节目刚播出时，有网友甚至因为不认识王迅而呼吁节目组把他换掉。但随着时间推移，越来越多的观众开始接受他。第六期节目播出后，王迅的微博粉丝数从参加节目前的4万多飙涨到了90万。因为两颗突出的门牙，网友们送了他一个外号——"松鼠迅"。

"其实他是一个特别好、特别有才华的演员，只是还没有太多人知道他、了解他。那参加一个这样的节目，可以把他这坛在酒窖里藏了很多年的老酒推出来，让大家感受一下。也希望有更多的行内人能够认识到王迅。"黄渤向《博客天下》解释他推荐王迅参加《极限挑战》的原因。

已经在娱乐圈摸爬滚打多年的黄渤，深谙这个圈子的规则：眼下的时代，上一档收视率不错的综艺节目，受到的关注度可能要大过埋头演10年的戏。

事实证明确实如此。王迅现在再去街上做节目，会有一帮人叫他的名字。他的工作已经排到年底，很多剧组找上门来，给的全是男一号的角色。在此之前，王迅虽在不少电影、电视剧中出演过角色，但都是戏份不多的配角，顶多是个男二号，唯一一次饰演主角，还是在黄渤导演的微电影《特殊服务》里。

王迅开始有了走红的迹象，然而他的粉丝群体依然脆弱，不排除有不少人是因为喜欢黄渤才开始关注他，这支粉丝团更像是暂借的。

2015年7月19日播出的《极限挑战》主题是猫鼠大战。按照游戏规则，作为"猫"的王迅要抓住"老鼠"黄渤。为躲避追捕，黄渤最后跳进了水里，王迅也跟着下了水，但没游几下就向黄渤求救。

"黄渤是海里长大的，我37岁才学游泳，高原上（该期节目在海拔一千多米的昆明录制）扑腾两下就没力气了。"王迅说那一刻的恐惧是真实的。

黄渤选择放弃输赢，游过来救他，却也因此输掉了比赛。

那一天，王迅的微博粉丝数掉了好几千。黄渤的忠粉都在下面骂他："黄渤对你那么好，你怎么这么有心机？"

聊到这里，王迅无奈地笑笑。军队文工团出身的他，在这个既要秀智商又要秀情商的综艺节目里，还无法做到像他的朋友黄渤那样如鱼得水。

"真人秀最大的挑战在于，在你没有准备好的情况下，你那种真的东西出来了，该怎么办？"之后，王迅一直在琢磨这样一个问题。

⫿⫿⫿ 十年

青岛与成都在地图上的距离是2000公里，坐飞机需要3小时，坐一列K字开头的火车需要40个小时。

2005年年底《疯狂的石头》开机之前，这是黄渤与王迅的距离。那一年，他们都31岁。

《疯狂的石头》是一部低成本的黑色幽默电影，汇聚了形形色色的小人物。黄渤和王迅在其中扮演两个配角，一个是跟在"黑老大"（刘桦饰）身边的小贼黑皮，一个是跟在阴险商人（徐峥饰）身边的"四眼"秘书——都不是端正的角色，充满邪气，且不按常理出牌。

王迅至今记得他第一次见到黄渤时的细节。

制片主任把他俩还有编剧岳小军安排在了一个房间。王迅穿着军装进去，没人，房间乱得翻了天。不久，黄渤和编剧岳小军从外面回来。王迅愣住，大家相互点了一下头，都没说话。王迅心想，这都什么人啊，长头发、打扮得跟小流氓一样。

"这种人就是我的对立面啊。我是武警，专门打击这些不法分子的。"王迅说，那时候的黄渤已经进入了黑皮的角色，"不是不好看，是长得吓人。"

王迅在那个房间待了一个小时就走了，二话不说找制片主任换了房间。

这个故事在黄渤那里有一个略微不同的版本。

黄渤说，他第一眼见王迅就觉得这人长得太欠儿了，"来的时候还穿了不对的衣服，你下意识就萌生一种冲动，得控制住，不然就想上去打他"。这让他对王迅没什么好感，觉得也聊不到一块儿，"后来听说他换房间去了，还挺高兴的。缓解冲突嘛，不然打起来也不太合适"。

《疯狂的石头》是一部改变了很多人命运的电影。饰演保安队长的郭涛此后从话剧舞台转向了大银幕；"道哥"刘桦开始频繁出现在各类喜剧电影中；当时演员里最有名气的徐峥越走越远，近年转型成了一名成功的导演——在《捉妖记》之前，他导演的《泰囧》保持着中国电影的票房纪录。如果算上导演宁浩，当年的"石头帮"在最近10年内以各种组合的形式完成了对中国喜剧电影的重新定义。

对黄渤来讲，小贼"黑皮"促成了他人生的又一次转折。这个角色让他的魔性表演开始被大众熟知之余，还帮助他斩获了第七届华语电影传媒大奖最佳男配角。

后来的黄渤成了娱乐圈的一个异数。他的外表几乎是所有美好词汇的对立面：不高大威猛，不英俊挺拔，没有精致五官，笑起来半截牙龈露在外面。但就是这么一个男演员，迅速从娱乐圈最底层爬到了金字塔的塔尖。

现在已过不惑之年的黄渤将自己的走红归结为运气："有多少人比你还努力，比你还有天分，但没有碰到好的机会，所以你还得感谢命运。"这句话让人联想起他在《极限挑战》里常常说到的一句台词："这就是命！"

《疯狂的石头》带给王迅的改变有限——之后他仍在各个剧组串戏、做配角，恪尽职守地演一些需要龇牙咧嘴的狠角色和小人物——却是他演艺生涯中知名度最高的作品。多年后，回想起这部戏，王迅与黄渤有同感："人生的几步，你一旦走错，就是不可逆的，就会走向另外一个方向。这事儿过去了，我这辈子都过去了。我不像在北京的演员，我没有机会的。当时一同去试戏的成都哥们儿可羡慕我了，说：怎么就看上你了呢？"

《疯狂的石头》风靡全国后，很多戏都来找黄渤和王迅，于是，两人有了很多在一起演戏的机会。两个出身草根、经历相近的同龄人，渐渐萌生出惺惺相惜的感觉。

"王迅的才华和长相是成反比的，和他的门牙成正比。"黄渤说。

王迅认为他们俩对喜剧表演的理解是相同的："我们都觉得喜剧是严肃的艺术，不是滑稽、搞笑，而必须是从人物的性格、意志生发出来的，是有逻辑的、立体的。"

几年后，当黄渤凭借一张"长得抱歉的脸"在娱乐圈势不可挡地崛起时，他没有忘掉王迅这个"贫贱之交"。看剧本时，要是某个角色让他脑子里浮现出王迅的形象，他就会跟导演推荐王迅。

"如果没有认识黄渤，之后很多戏都不会找我了。"王迅说。

10年间，两人合作过8部电影、4部电视剧。

开始成为主角的黄渤越来越有名了，他获金马奖，熟练地走红地毯，熟练地和所有人打成一片。王迅依旧还是配角，辨识度很低，他怕黄渤忙，不敢随便给黄渤打电话，有什么事情就找他的助理。

"有些人忙了、火了，正常的交往就没了。"王迅说，这一行的人际关系是脆弱的，"但黄渤，你给他发微信，他肯定回。而且他会经常主动和你联系，问你最近过得怎么样啊，在拍什么戏。"

"一个在天上，一个在地上。"王迅形容成名之后的黄渤跟他拉开的差距。

王迅依然埋没在人堆里。一次王迅在上海拍戏，演一个比较重要的配角。他蹲在街边，管群众演员的群头过来颐指气使地说："你怎么回事儿？人家都在那边忙活，赶紧去，把那叫花子衣服穿上。"王迅回："他们叫我来演戏。"群头更加盛气凌人："什么叫你来演戏，你没签公司啊？没签就我这儿，没有人家以后就欺负你，你正常一天能拿50。"后来群头才知道这是导演找来的有词儿的演员。

那时候的王迅还没有离开部队，无法签经纪公司，黄渤觉得他很吃亏，就让自己的经纪人一起处理王迅的事务。

2011年黄渤成立个人工作室，王迅成了工作室唯一的一名签约艺人。黄渤没把这当成商业行为。"签一名演员对我来说毫无意义，是极不划算的一个事儿……就是朋友在一块儿嘛。"他说。

10年来，黄渤积累了大量的行业资源，他希望以自己的能力给王迅带来更多的机会。

王迅这样定位过他和黄渤的关系：行政上他是老板，感情上他是兄弟，行业里他是对手。

不过黄渤从来不担心会和王迅竞争角色。"他现在的合同都是我帮他签，我不给他签他怎么办呢？当初就是因为这个我才签了王迅，去掉一个对手，比什么都强。"他不愿放过任何一个挤兑王迅的机会。

⫴ 都在生活里泡过

时间从2005年再往回拨10年。台湾音乐人黄舒骏在歌曲《改变1995》里描述过那个年份：大哥大越来越小世界越来越吵，手机却越卖越好；歌星越来越多CD越做越好，唱片却越卖越少。

时年21岁的黄渤尚在"歌星"的梦里酣睡，怀揣着他的大哥大在全国各地联系歌舞厅的演出。这一年，同样21岁的王迅第一次离开部队文工团，此前的3年时间里，他从来没有得到过上台表演的机会。

在选秀尚未兴起的20世纪90年代，搞文艺的年轻人通常有两种生存方式：在江湖上漂着或者在体制内养着。黄渤属于前者，王迅属于后者。

黄渤从初中起就在歌舞厅唱歌、混社会，经常和形形色色的人打交道，这让他很早就开始在社会的大染缸里寻找自己的生存之道。他曾经组建过一个叫"蓝色风沙"的乐队。他留着长发、穿着皮衣，别人以为他是唱摇滚的，结果一开口就是深情款款。后来跑到东北走穴，别人就让他冒充香港人——20世纪90年代初，香港代表着流行文化的最前沿。

那时候的黄渤是时尚的、先锋的、个性的。在台上唱歌跳舞的时候，他自称"体力派"。

1995年，王迅初次离开部队时，是怀着深深的挫败感回家的。喜欢表演的他，在表演这条路上走得颇为艰辛。最初他是学谐剧的，后来又学相声、编剧。1992年，他在部队表演快板时，观众席上突然多了一位领导，政委就给他临时加了4句台词。"快板那都是练到词儿都不过脑子的，哪记得住啊？"果不其然，上台之后王迅忘词了。后来他再也没有获得表演的机会，人也因此变得沉默、自卑。

直到1996年，因为在成都演火了一个双簧，部队才又把他特招入伍。当时有一个团长语重心长地对他说："你是个好孩子，但是选错路了，你没法当演员。你怎么能搞喜剧呢？你太内向了。"

不适合当演员的话黄渤也听过。2002年，黄渤考上了北京电影学院配音系，同学看见他很惊诧，说现在电影学院的招生标准怎么这么松了，还有长辈善意提醒他：女怕嫁错郎，男怕选错行。2009年，加冕金马奖最佳男主角的黄渤在领奖台上以戏谑的口吻分享了这个故事。

在20世纪90年代末到21世纪的开头几年，演员都得是《永不瞑目》中的陆毅，一脸的胶原蛋白，脸上鲜嫩得能掐出水来；或者是《将爱情进行到底》中的李亚鹏，骑在自行车上长发一甩，骨骼和肌肉里都透出抹不开的潇洒气质。

满脸褶子的黄渤和龅牙外露的王迅哪头都不占。

1998年，当陆毅饰演的肖童和李亚鹏饰演的杨峥赢得万千观众的心时，24岁的王迅直接越过了青春年少，在一部名为《下课了，要雄起》的四川方言喜剧中扮演一个充满心机的阴谋家。这是王迅"触电"的开始。

此时的黄渤则过着天天被人追债的日子。是年，他因眼见一起同台演出的沙宝亮、周迅日渐走红，而自己还在歌厅耗着，遂一发狠，回青岛开起了工厂，结果遇上金融危机，赔得一塌糊涂，天天被人堵着门追债。

两年以后，黄渤才迎来了人生的转折。在好友高虎的推荐下，他接拍了管虎导演的电视电影《上车走吧》。管虎对黄渤的第一场戏印象深刻："在北京站，拍他和高虎在人群里转圈的，机器围着他们转720度，黄渤老出画面，最后高虎拿手抓着他裤腰带，在身边紧紧地薅着不让他走。"

这部后来获得金鸡奖的电影作品，给了黄渤的演艺生涯一个很高的起点。一个从来没有学过表演的人，从此开始了自己的表演之路。

2004年，管虎拍摄新剧《生存之民工》时再一次找到了正在各剧组跑龙套的黄渤，虽然给他的仍旧是一个小角色，但戏份不少。该剧在地面播出后，连续夺下多个收视冠军。黄渤在家里看电视，觉得这部剧播得这么火，一定会引来很多戏找他。

事实上，他原来怎样还怎样。这部电视剧在8年后更名为《春天里》，登陆了山东卫视和腾讯视频。原来的海报上，根本找不到黄渤的影子。重新剪辑以后，"金马奖得主"黄渤的戏份加大了，宣传海报上，他那张已被大众熟知的脸占据了最大的位置。

王迅也曾以为他能凭借一部电视一炮而红。2003年，他看《编辑部的故事》非常火，就写了一个《士官不是官》的情景喜剧，并给自己安排了一个男二号的角色。剧本写好后，他却苦苦找不到演员的感觉。导演欧阳奋强当着一帮演员的面劈头盖脸地骂："你会不会演戏？"王迅说他那时候每天都在怀疑自己：我到底能不能做影视剧演员？

最后总算演完了，但电视剧播出后反响平淡，王迅一炮而红的梦想不得不暂时搁浅。

正是因为有这种相似的经历，王迅说他和黄渤日后见面时才特别聊得来。黄渤用"都是在生活里泡过的人"来形容他和王迅在演艺路上的摸爬滚打，这种惺惺相惜感促使他在自己成名后特别愿意回过头来帮王迅一把。

而长时间在底层沉淀、修炼的经历某种程度上塑造了他们的为人和对演戏这件事的态度。徐峥仍清晰记得他和王迅在《疯狂的石头》里对戏时的一些场景。

"宁浩导演是个很喜欢虐待演员的导演。有一场戏要打王迅的头，王迅说没事，你真打。导演还在旁边说，你一定要打得狠。"徐峥向《博客天下》回忆，"我打得手都疼了，你想王迅得多疼？一条一条地打，当时他还是个军人，你知道我这心理负担有多大？"

还有一场戏，徐峥要砸一本10厘米厚的电话簿到王迅脑袋上，结果真砸了，而且是角先上去的。王迅捂着头疼了半天，事后却说："没事，没事，徐哥，等我回四川给你带点香肠。"

"就是这么一个好演员和好人，所以我一定要邀请他来演《港囧》。"徐峥说。

⦀ "我们是同一类人"

在外界看来，黄渤与王迅的关系是"帮"与"被帮"，事实上，他们之间友情的基础并非只有江湖义气。

"我们是同一类人。"黄渤和王迅对《博客天下》说了同一句话。

自称"不太好打交道"的导演管虎称他能和黄渤保持合作，一个原因是黄渤温和，另一个原因是他天分高，又极度认真。

在黄渤眼里，王迅是难能可贵的创作型演员："《民兵葛二蛋》里面，老张（张耀祖）的戏份没那么多，他就自己吭哧吭哧地写，最后写成了一个相当饱满的人物，非常立体。"

对演员职业的认同构成了他们友情的基础，而对这个职业的警醒让他们成为了彼此的镜子。

2013年以前，黄渤身上的标签是"金马奖得主"；之后，他变成了"30亿帝"，后来又晋升为"50亿帝"。

那是黄渤风头无两的年份，在大荧幕上风生水起，包揽各大杂志封面，有接不完的通告，排不完的采访。他没时间打理自己的朋友圈子，朋友们给他发信息聚会，他通常回之以"不在"。

从2012年到2014年，黄渤共有11部电影、4部电视剧与观众见面。

名与利席卷而来，把黄渤围在风暴中间。"道哥"刘桦接受媒体采访时透露，黄渤特意嘱咐他，让他代自己和媒体表明态度：电影是大家一起完成的，功劳是大家的，都放在黄渤一个人身上不太合适。

黄渤真切地感觉到了成名后的压力。他跟王迅说，觉得拍戏的快乐越来越少了，"拍戏是为了什么？我又拍了一个戏，创造了一个票房？"

王迅也觉得他变焦躁了："一天到晚都是打开各种手机，每天票房数据都在更新……一部电影上了，人的喜怒哀乐都是被绑架的。作为一个艺术家，你天天去操心这个，已经异化了。你得反过来想想你的初心，建立起一种出离心。"

黄渤意识到了自己的问题。"不能老在一个节奏里面，得保持新鲜感、愉悦感，有兴趣地去做，不把让它成为负担。市场的节奏很快，但是对于我来说，该停下停下，该生活生活，没必要跟人比着跑，太累了。"他说。

2015年起，黄渤开始休息，他逐渐在名利场中冷静了下来。"装牛逼、装大牌，对我来说没有快乐，创作本身才能给我带来快乐。一段好的戏会令人高兴，那才是晚上睡觉都会笑出来的东西。"

黄渤也会提醒王迅。从2006年到2014年，王迅共演过25部电影、24部电视剧，但几乎都是配角或是客串，不断地重复很多角色，因为觉得是朋友邀请，不好拒绝。黄渤直截了当地告诉他："你真的得敢拒绝，因为这样子不负责，你帮不了他，等你有一天变强大了，能左右这个戏的时候，才叫帮他，你现在是在应付他。"

这对当时的王迅是当头一棒。"演戏要聚气。散了的话，观众就会把他当做一个串戏的演员，导演也会觉得他就是个串戏的。"王迅听从黄渤的意见，去年年底开始，拒绝了很多戏。

王迅说，在娱乐圈，黄渤是他少有的那种能交心的朋友。

"咱们中国的这两个字（朋友）写得很含糊，国外不是这么翻译的，认识的人和朋友还是有区别的。交朋友这东西不是跟谈恋爱一样吗？女朋友和女性朋友是有区别的，互相看对眼了，聊得来，彼此有愉悦感，那自然就会成为彼此的朋友。"黄渤将娱乐圈的"朋友"分为两种，一种是工作关系，一种是真朋友。王迅属于后者。

前两年，王迅来北京拍戏的时候都住在黄渤家。"剧组对我们这种演员怎么省钱怎么来，买的机票都是早上最早一班的。"王迅说。那时黄渤常拉着他喝酒聊天，经常一聊就到凌晨三四点，五点的时候，还执意送他去机场。他感慨，那时候按照黄渤的工作量，能抽空晚上聊会儿天就很不容易了。

"道哥"刘桦也说，黄渤是那种和别人接触，立刻会赢得所有人好感的人。一次黄渤从外地回到北京后突然给他打电话："哥，我给你拿了点新茶。"刘桦感动得头皮发麻，因为黄渤刚下飞机，连家都没来得及回。

"娱乐圈大部分人在一块儿都是喝酒吃肉，今天这个局，明天那个局，就一块玩儿，但是最后能够落实的事儿很少，喝完大家都忘了，不会当真。有时候我会去问，那次说的什么事儿怎样了。别人回答，酒桌上说的事儿你还信？"王迅说。他觉得自己始终是局外人，娱乐圈虚头巴脑的事情他不想掺和。他承认，自己是清高的。

但已经在名利场浸泡了数年、管虎口中那个"这些年他必须温和"的黄渤会劝王迅："演员还是得做一做宣传，不能光演戏。"

这是明星黄渤对演员王迅的引导。

参加《极限挑战》之后王迅名气大涨，却也心生恐惧，公共场合经常抓着一大把话筒发愣，不知道要讲什么。黄渤就教他如何有趣又很真诚地和粉丝互动，以及回答记者提问时，没想好的话不妨先抛回去，等想好了再说。

"我是当过兵的人，一不小心就说得认真了，严肃了。他就说这个东西千万不要往深沉了去说，尽量用四两拨千斤的方法。"王迅说。

在某些方面，王迅不掩饰他对黄渤的崇拜，他称这个只比自己大3个月的男人为"大哥"。"黄渤驾驭能力太强了，在什么场合说什么话，见什么人用什么态度，跟粉丝、合作伙伴、记者、朋友（相处）他都游刃有余。"

王迅说，当年他和黄渤是站在同一条起跑线上的，如果10年前他有推广意识，或许不会差得那么远，"掉队太多了，别人都到高科技了，我还停留在奔腾阶段"。

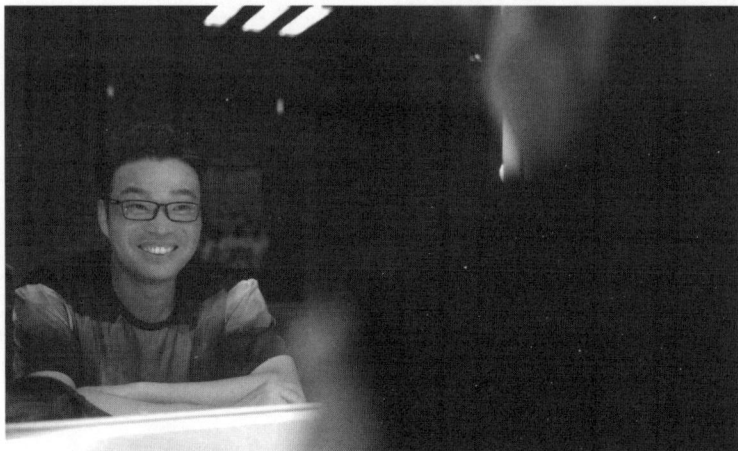

因为两颗突出的门牙，网友们送了王迅一个外号——"松鼠迅"。

附录："石头"兄弟10年记

徐峥

《疯狂的石头》里饰演地产商"冯董"，经典台词：放心，我是讲诚信的。

"石头"兄弟里当时最知名的演员，参演前已凭借《春光灿烂猪八戒》《李卫当官》等电视剧走红。2005年后开始尝试更多的可能性，其自编自导自演的"人在囧途"系列是近年最成功的国产喜剧电影之一。

王迅

《疯狂的石头》里饰演"四眼"秘书，经典台词：别摸我。

部队文工团出身的他因《疯狂的石头》与宁浩、黄渤结缘，后又与导演管虎结缘，获得了很多演戏的机会，近年来参演过《杀生》《厨子戏子痞子》《民兵葛二蛋》等电影电视剧。2015年，因参加《极限挑战》人气急升。

刘桦

《疯狂的石头》里饰演贼头"道哥"，经典台词：素质，素质！

他曾是央视《三国演义》里潘凤的扮演者。2005年之前最知名的角色是电视剧《贫嘴张大民的幸福生活》里的古三儿。近10年来出演过多部电影电视剧，但都不如"道哥"令人印象深刻。

黄渤

《疯狂的石头》里饰演小偷"黑皮"，经典台词：牌子，班尼路。

2005年之前一直在娱乐圈底层打拼，唱过歌、教过舞蹈、演过配角。2005年后演艺事业急速上升，2009年凭借《斗牛》夺得包括金马奖最佳男主角在内的多个奖项，近年又因极佳的电影票房获封"50亿帝"。

岳小军

《疯狂的石头》里饰演小偷，经典台词：习惯了，蹲着拉健康。

中戏毕业，学文的他本想进媒体圈，未遂后当起了职业编剧。后被宁浩拉入《疯狂的石头》剧组，既当编剧，又做演员。2005年后他成了宁浩的御用编剧，偶尔也在一些电影中客串下小角色。

郭涛

《疯狂的石头》男一号，饰演保安科长，经典台词：NIKE还做照相机啊？

出道较早，演过电影也排过话剧，但没什么名气。2005年后开始逐渐走红，主攻大银幕。2013年，因参加真人秀节目《爸爸去哪儿》，被大多数人熟知。

连晋

《疯狂的石头》里饰演大盗"麦克"，经典台词：顶你个肺。

1981年参加无线电视艺员训练班入行，与刘德华是同班同学，毕业后转投亚视，成为一线主角，后因亚视减产转往中国内地发展。《疯狂的石头》是他在内地参演的第一部电影，也是他最知名的一部。近年他又回到了香港发展。

（实习生曹畅、李蓓对此文亦有贡献）

（2015.8.14）

梁家辉爱上主旋律

从影30年，梁家辉的事业和生活就像首登春晚时的那支舞，主流、安全、正确。

本刊特约撰稿/王菲宇

音乐响起，梁家辉穿黑色礼服，戴高高的宽檐帽，和一袭红裙的陈慧琳翩翩起舞。他的白色手套上镶满了闪亮的水钻。

在2014年1月30日的春晚舞台上，这样的小细节并不容易被观察到。观众的注意力投射在他并不完美的舞步和歌喉上，或者仅仅在于这位知名"老演员"第一次登上春晚本身。

亮相春晚两天后，2月1日，梁家辉吹灭了56岁的生日蜡烛。在他之前，刘德华、张学友、梁朝伟已经在这个舞台上走过好几个来回。然而在同辈的香港演员里，迟迟没有登上春晚的梁家辉，却与春晚的渊源最深。

1983年，央视第一次举办春节联欢晚会，邀请刘晓庆担任主持。那年春晚还播放了刘晓庆参演的电影《垂帘听政》和《火烧圆明园》片段。在这两部电影里担当男主角的，正是梁家辉。

领他入门的"师傅"李翰祥曾经恨铁不成钢地说："我想捧你做明星，你却去做演员，没出息！"

梁家辉一直老老实实当一名演员。香港演艺圈盛行"演而优则唱"，他也去录过一张专辑。在向《博客天下》谈起这仅此一次的跨界经历时，梁家辉坦言这让他明白了自己并不适合当一名歌手，而好处则是让他"有机会仔细听自己的声音，以后配音心里更有底"。

梁家辉也当过一次制片人。他和吕丽萍一起拍《天上人间》，拍到一半，导演说没钱了。梁家辉觉得中途放弃实在可惜，于是自掏腰包投入100多万，也就成了那部电影的制片人。

他自认不是明星，因而演戏时没有偶像包袱，也不顾忌形象。就在他春晚亮相的同一时间，网上一条帖子颇为热门："我记忆中梁家辉上一次又唱又跳还是在《东成西就》里。"配图是梁家辉穿着女装，顶着雷人的妆，和张国荣一起唱《双飞燕》。

参演《东成西就》原本并非梁家辉本意，但这部极尽恶搞之能事的作品，成为一代人心中的喜剧经典，穿着女装载歌载舞的段皇爷，也成为梁家辉永不磨灭的银幕形象。

虽然为人低调，但他的头上从来不缺少光环。他拍过130部影片，得过4次金像奖最佳男主角。他被影迷称为"千面情人"：作为一名土生土长的香港演员，他演过咸丰皇帝、台湾乡下的小瘪三、"文革"中的棋呆子，都让人没有违和感。因为演技精湛，再加上个人形象积极正面，在合拍片风潮乍起之时，他就被主旋律电影瞄中。

在接受《博客天下》专访时，梁家辉有4部电影即将上映，其中有两部与"红色"相关：《王牌》里他演一个地下党，《林海雪原》则改编自样板戏。这样看来，他似乎早该登上春晚的舞台。

ⅢⅢ "不给面子"的香港演员

如同所有俗套的成名故事，梁家辉踏入演艺圈，也是因为陪朋友考试。1981年，他考入香港无线电视台第10期培训班，和刘德华成为同班学生。那一年周星驰也参加了考试，却不幸落榜，第二年才考上。

在培训班里，梁家辉和刘德华交好。两人曾一同被挑中参演《千王群英会》，饰演周润发的两个手下。拿到剧本，两人兴奋不已，但一直翻到最后一页，才找到自己的台词："是，龙哥！"

他们为这两个龙套设计了花样：刘德华嘴里叼了一根牙签，梁家辉则把手插在西装里。在现场，这些设计被导演骂得狗血淋头："干吗把手插在衣服里！你以为你拿破仑啊！"

初登银幕以两人如木桩般点头念完仅仅三个字的台词告终。此后不久，刘德华与无线电视台签约，踏上了30多年的星途。而梁家辉，则暂别演艺圈进入一家娱乐杂志。

祖师爷赏饭吃，说的就是梁家辉这类人。他后来结识了大导演李翰祥，李翰祥问他愿不愿意跟着自己去内地拍戏。梁家辉心想跟着大导演肯定没错，便点头答应了。他原以为李翰祥是让他去做副导演，没想到来到北京，先被要求剃了光头，接着就成了《垂帘听政》和《火烧圆明园》两部电影的男主角。

凭借《垂帘听政》，26岁的梁家辉摘得1984年第3届香港金像奖的最佳男主角。而刘德华一直等到2000年，才拿到这个梦寐以求的奖项。

这个早早到来的最佳男主角奖项并没有带给梁家辉坦荡的星途，反而让他应验了香港电影圈的那句俗话——"得影帝衰三年"。彼时台湾和内地没有实现"三通"，因为曾经到内地拍戏，梁家辉被要求写悔过书。梁家辉断然拒绝了："我到内地拍戏是工作，和政治没有任何关系。"

20世纪80年代，台湾是香港电影的最大市场，因为得罪了台湾文化部门，没有导演敢找梁家辉拍戏。他因此一度放弃电影事业，产生了转行的念头。平面设计专业毕业的他，甚至开始自己设计制作手工首饰，在铜锣湾一带摆摊贩卖。

让他结束"无证小贩"生涯的，是周润发。1987年，"小马哥"和新艺城公司出品的《英雄本色》横扫台湾，前往参加金马奖颁奖典礼时，周润发和狄龙带着梁家辉同赴台湾文化圈的饭局。席间，周润发指着梁家辉说，他现在也是新艺城的人了。"小马哥"的话，再加上台海两岸关系的逐渐缓和，把梁家辉重又推回了电影圈。

在选择和决定上，梁家辉很少犹豫，也极少后悔，拒写悔过书如此，拒绝《末代皇帝》的邀约也是如此。梁家辉曾在李翰祥的《火龙》里演出青年溥仪，看过这部影片，导演贝托鲁奇找到他，希望他能加入《末代皇帝》。梁家辉向"师傅"李翰祥提起，没想到后者勃然大怒。原来李翰祥也曾筹拍溥仪自传《我的后半生》，却因贝托鲁奇抢先买下小说版权，发来律师函，而不得已转拍《火龙》。听完这段故事，梁家辉不愿再在恩师的伤口上撒盐。他将合约寄还贝托鲁奇，并在信里写道："我不知道你和我师傅之间的私人恩怨。另外，这个角色我已经演过了，不好意思。"

贝托鲁奇并没有忘记他。20世纪90年代初，好友让·雅克·阿诺为电影《情人》寻找一名东方男演员，贝托鲁奇第一个想到了梁家辉："有个香港男演员曾经拒绝过我，给我留下了很深印象，也就是，不给面子。"

▓ 努力踩水的最佳男主角

演出《情人》后，梁家辉被评为"法国女人心中最性感的亚洲男人"。无数的剧本被递到他的手里，大多数都想将他打造成另一个深情少爷。他不想陷入少爷的模板，于是接下了《92黑玫瑰对黑玫瑰》里神经兮兮的警察一角。

1993年，他凭借该片再度问鼎金像奖，是少有凭借喜剧片获奖的男演员。2006年，他以《黑社会》里嚣张跋扈不可一世的大D再获最佳男主角。

那年金像奖颁奖当晚，梁家辉正在红磡体育馆演出舞台剧《倾城之恋》。从角色范柳原中走出，他穿着白色西装站在化妆间里，与转播摄像机一起等着现场揭晓结果。获奖的消息传来，他对着镜头感谢了导演、工作人员、家人和影迷，连负责转播的TVB和中央电视台都不忘落下。出乎所有观众意料，发表完获奖感言，他猛然倒在地上手舞足蹈。

"我当时以为转播已经结束了，"梁家辉笑着向《博客天下》回忆，"当然能再获奖我也很开心啊！谁说我不在乎拿奖？"

最佳男主角的身份给梁家辉带来什么，他自己也说不清。1987年，他在徐克的《倩女幽魂》里担当副导演。看到他，男主角张国荣很紧张，问徐克："你是不是对我不满意？为什么还要找个'影帝'来盯着我？"

在人人信奉"打好这份工"的香港电影圈，任何人也没有什么特权。拍徐克的《新龙门客栈》，他和所有演员被关进敦煌的影棚里。徐克把大门关上，告诉他们不用回现代社会了。他望着紧闭的大门，眼泪一下就出来了。剧组曾连续拍过三天三夜，镜头前他耍着刀，镜头后摄影和副导演都已经睡着了。

拍王家卫的《东邪西毒》，他和张国荣在戏里常对饮"醉生梦死"酒。拍戏时，坛子里装着白水。最夸张时，拍一条戏，两人一连喝干了四坛水才过。

2006年，梁家辉在《我要成名》一片中客串了自己。戏里的刘青云是一个不得志的演员，少有片约。戏里的梁家辉就用自己做例子劝慰他："哦，'影帝'就有人找了？要是我不努力地踩水，怎么露出水面让大家看见呢？"

出演这部电影时，梁家辉48岁。3年之前，他就已经和钟欣桐演过父女。当刘德华还在银幕上与郑秀文打情骂俏，梁家辉已经先后演过蔡卓妍、彭于晏、李治廷、Angelababy的爸爸。50岁后，他在电影中甘心给年轻人做配角，被问到为什么，他主动拿自己开玩笑："我这个年纪，如果让我演主角，恐怕只有拍黄昏恋了吧！"

2013年他在冯德伦的《太极》系列电影里演掌门人陈长兴，细排之下是男三号往后；2014年，他在陈思诚的《北京爱情故事》里和刘嘉玲演一对中年夫妻，已经是少有的主角级亮相。"老前辈"梁家辉愿意接戏，除了觉得剧本着实有趣，也因为他想用自己的身份去帮助这些年轻导演。"《太极》的主角是一个新人，这种情况投资方不太敢投，而我这样的cast（演员）的加入会让投资方比较有信心。我明白德伦为什么找我，因此就接了下来。"向《博客天下》解释完，他眨了眨眼，"不过我也有收获啊！起码演过这部片子，我学会了太极啊。"

《我要成名》里，别人训斥刘青云："会演戏不会做人，活该你倒霉。"戏里戏外，梁家辉都是会演戏又会做人的范本。他演少爷、神经质警察、黑帮老大、古代名将，个个都博得满堂彩。

彭浩翔的《大丈夫》里，他出场三分钟，却"意外"凭这三分钟的戏摘得那年金像奖最佳男配角。他有天分，又肯下苦功。为了演《黑金》里的台湾黑道大哥周朝先，他翻遍政治杂志，写了近10万字的人物小传。

他家庭美满，与妻子江嘉年的婚姻被传为佳话。每次获奖，也总不忘提及家人。2013年，梁家辉凭《寒战》第四次问鼎金像奖，致辞时特别感谢他的一对双胞胎女儿"四次进影院，自己掏钱买票请同学看"。

在香港电影圈，他是出了名的没有架子，主动帮场工抬饮水桶、架东西的花絮不时传出。电影记者爱用"情商高"来评价他。就连应记者要求评价其他演员，他也回答得大方得体："我觉得华仔要是和徐克这种导演多合作一下，可能变化会多一些。我不能说他贪心，他太全面要求自己了，太完美主义了。"

▏▏▏▏ 那个内地男演员

梁家辉一直尊称领自己入行的李翰祥为"师傅"。在他看来，自己在电影上还有半个师傅，就是徐克。

梁家辉为徐克当过副导演、配过音、做过编剧，"徐老怪"总能让他见识到电影不一样的一面。徐克邀请他出演新电影《林海雪原》，他一口答应下来。"我想知道，为什么这个故事能成为最早的五部京剧样板戏之一。"他告诉《博客天下》。

梁家辉在片子里演"座山雕"。一个香港演员，却要演绎一个剿匪故事，很多人为梁家辉捏一把汗。他自己反而很轻松："我从改革开放之初就来内地演戏，我演内地人比其他人了解更多。"

1982年，24岁的梁家辉跟着李翰祥在北京断断续续待了一年半。他当时完全不会说普通话，学说的第一句话是："老师您好，请问厕所在哪里？"拍第一场戏时，他暗中练了很久台词，结果还没说完，就听刘晓庆说："导演，我听不懂Tony在说什么。"后来两人靠扇子对戏，他一直摇着扇子，一停下来，刘晓庆就赶紧说台词。

《垂帘听政》和《火烧圆明园》上映之后，很多人不认识这个新面孔，纷纷打听："里面那个内地男演员是谁？"

这个香港演员早年没少演内地角色。罗卓瑶的《爱在他乡的季节》里，他演一个从广东番禺去美国寻找妻子的男人。这部电影为他赢得了那年的台湾金马奖最佳男主角。

到了《棋王》，梁家辉不仅是演员，还是编剧之一。他在电影里演王一生——一个"文革"时期的"棋呆子"。在电影开头，有一段王一生在大串联火车上吃饭的戏，他不光将饭盒舔得干干净净，还用力将陷入桌缝中的米粒抠出来。这段表演震撼了许多人。直到今天，仍有影迷在网络上感叹："没想到梁家辉这样一个香港演员，能把那个年代的饥饿表现得这么到位。"

也许正因为这些早年的角色，在合拍片小荷初露尖尖角之时，梁家辉就收到了很多内地导演的剧本。

2001年，他和蒋雯丽搭戏，在电影《刮痧》中演一对在美国的中国夫妇，导演是后来拍《甄嬛传》的郑晓龙。如果说这个角色还有一点西方味道，《周渔的火车》里的小镇诗人则完全是一个本土人物。

2003年，CEPA（《关于建立更紧密经贸关系的安排》）带来的商业利好，让呼喊"港片已死"的香港电影人纷纷北上求生。从徐克、王家卫到陈可辛、尔冬升，这些香港导演接连试水内地。在这种潮流之下，梁家辉却连着出演了两部主旋律电影。

2005年，他客串抗日电影《太行山上》，饰演"独臂将军"贺炳炎。2006年，他与秦海璐共演了表现乡村教师生活的电影《我的教师生涯》。

"很多人好奇，你为什么会选一个主旋律的片子来演。"梁家辉对《博客天下》说，"我说，你们常说的'主旋律'，和美国好莱坞大片有什么区别？好莱坞大片也会输出美国精神啊。为什么国内观众会那么抗拒一些主旋律片子？我当时接的时候就想去看看，尝试一下去演出，看看观众为什么不能接受这一种演出。演完之后，我明白了。"

直到今天，"情商高"的梁家辉仍不肯松口透露他当年体验到了什么，而"主旋律"电影的格局已经悄然发生了变化。

2009年，梁家辉出演《建国大业》，已经不再是"主旋律"里引人注目的香港演员。除了他，甄子丹、刘德华、成龙都在这部电影里跑了龙套。周星驰甚至还因为没跑上龙套哀怨地向媒体吐苦水。待到拍摄《建党伟业》时，梁家辉饰演民国教育家范源濂，与他一同客串的港台演员更多了。同一年，他还参演了《遍地狼烟》，这部抗战电影被网友评价为"披着抗战外衣的香港枪战片"。2013年，让他再度摘下最佳男主角的纯血统港片《寒战》，却被评价为一部"弘扬香港法治精神的主旋律"。

如今，他仍比任何香港明星更频繁地与内地导演合作。从李玉的《苹果》开始，他已经能用普通话说对白。亲近内地市场的同时，梁家辉从来没有忘记自己的香港影人身份。2011年，除了客串《建党伟业》、出演《遍地狼烟》，他还和曾志伟一起主演了《我爱HK开心万岁》—— 从某种程度上说，这部弘扬香港精神的贺岁喜剧，也算是"主旋律"的一种。

‖‖‖ 最佳男演员是怎样炼成的

1984年第3届香港电影金像奖最佳男主角,《垂帘听政》

1990年第27届台湾电影金马奖最佳男主角,《爱在他乡的季节》

1993年第12届香港电影金像奖最佳男主角,《92黑玫瑰对黑玫瑰》

2004年第23届香港电影金像奖最佳男配角,《大丈夫》

2006年第6届华语电影传媒大奖最佳男主角,《黑社会》；第25届香港电影金像奖最佳男主角,《黑社会》

2007年第44届台湾电影金马奖最佳男配角,《战·鼓》

2008年第14届香港电影评论学会奖最佳男演员,《跟踪》

2012年第32届香港电影金像奖最佳男主角,《寒战》；第13届华语电影传媒大奖最佳男演员,《寒战》

‖‖‖ 我从来不顾忌形象

《博客天下》：在春晚上和陈慧琳跳舞紧张吗？

梁家辉：确实上春晚很紧张，我是第一次登上这么大的舞台。但我还是有点骄傲，毕竟全力以赴了。虽然《东成西就》里也有跳舞，《江湖告急》的开头也有跳舞，但那都是即兴的。这次特别编排过，我不但自己要跳，还要配合陈慧琳的演出，不能不排。但我确实不是一个跳舞的料，所以要加倍努力，排练时我都是以郭富城作为榜样的（笑）。

《博客天下》：确实有网友说，上一次看见你又唱又跳还是在《东成西就》里。

梁家辉：对啊，那是永不磨灭的形象。这部电影已经拍了20年了，但是到今天《东成西就》还是很多大学生聚会时的娱乐品，或者一些人心情不好的时候可以自娱自乐的影像。它能成为这样的一个经典，我是感到非常骄傲的。

《博客天下》：拍《东成西就》那一段时要穿女装，当时有心理负担吗？

梁家辉：没有心理负担，拍戏我从来没有心理负担。我有信心，无论你让我穿什么，我一定能做得好。我从来不顾忌形象，也从来不把自己定性为主流片或者商业片的演员。

《博客天下》：你为什么没有走上歌手道路？

梁家辉：我不是一个唱歌的材料，这个我自己很清楚。但那次录音让我意识到，表演除了肢体、表情之外，其实声音也是很重要的，你的声线是可以增加角色的可信度的。

《博客天下》：为什么会接下徐克的《林海雪原》？

梁家辉：没办法，徐克算是我电影圈的半个老师，虽然我不是徐克带入行的，但是片场内、片场外他提供给我很多认识电影的机会。还有一点就是我没有接触过3D电影，想对新的技术有所认知，看看在3D镜头前演出是否和2D有所不同。

《博客天下》：现在很多人都在说"港片衰落"，你是经历过香港电影黄金期的人，你怎么看？

梁家辉：不管哪里的电影，不管什么行业，都有它自己的黄金期。比如20世纪三四十年代欧洲对英国电影的迷恋，后来好莱坞电影繁荣又似乎同化了整个世界，因为这些电影说的美国精神会影响人。香港电影起飞前，日本电影、台湾电影，都分别有一段黄金期。

香港电影十几年的黄金期也就是电影创作最百花齐放的时候。当时全香港的人都处在非常紧张的节奏下，所以人们尤其喜欢看喜剧、动作片，去电影院做一个两小时的梦，以此释放自己的紧张情绪。当你看武侠剧，虽然你神经还是很紧绷，但是最后看到大侠复仇成功，从电影院出来的时候，你会很轻飘飘。香港那时候产出很多喜剧，你在影院里看的时候笑得翻天覆地，但可能一出影院，就忘记这个片子讲什么了。所以有不同类型电影帮观众释放情绪的时期，就是那个地区电影的黄金期。这个黄金期不会是永远的。

低迷也是有种种原因的，其实最重要的原因是娱乐的项目多了，卡拉OK、游戏机、电脑、互联网的发展对电影都有很大影响。

（2014.3.15）

超能变

冷色系紧绷男星突然变成了一个不矜持的"深井冰段子手"，这两年，邓超想明白了。

文/陈雨　编辑/汤涌　图/韦来

邓超过去活得特别紧绷，如果你跟他提孙俪，他立刻会说："我们还是谈工作吧。"这两年的邓超变得空前强大，他敢邀孙俪合作电影了。

2014和2015年，这是他成长最快的两年。当导演，做老板，当综艺节目的主持人，他不断变换着视角，不断成长。

按照他的话说，他现在是一个控球后卫，传球到各个队员手里，让他们上篮得分。

这位昔日的英俊演员，现在正在各种领域尝试着发挥自己的影响力。

真是巧了，他越是放松，越是百无禁忌，人们越是爱他的真实。

⫼ 控球后卫

篮球爱好者邓超正在迎来自己人生当中的一个小高潮。在篮球比赛中，这意味着一个人或者几个人顺风顺水、连续得手，怎么打怎么有。

这时的进攻球员不知疲倦，肌肉的疼痛和乳酸的堆砌都暂时让位于胜利的喜悦。

邓超的2015年就是这样的时刻。

"你不觉得累吗？"

晚上9点半，持续一整天的采访即将结束时，我问邓超。

他穿着简洁的白T恤、黑裤子，一天之内补了又补的妆还没来得及卸，和之前几次见他时的神采奕奕不同，这时的邓超陷在化妆间的沙发里，神情疲惫，时不时用手搓搓脸，说话也是轻轻的。

半个小时后，新片《恶棍天使》的一场营销会议还在等待着他。

这两年的事业特别好，邓超的睡眠时间也变得很短，他的日程非常密集。

这是我对邓超的第三次采访。第一次见面安排在靠近北五环的一片艺术园区中。在和电影宣传团队开会的中途，邓超抽身下楼接受了采访，采访结束后他直奔机场，飞赴《奔跑吧兄弟》（以下简称《跑男》）第三季的拍摄现场。

10天后再次见到邓超是在位于长安街边的超剧场，连续五个多小时的视频拍摄结束时天色已黑，而下一个行程仍然是关于电影的会议。

2015年10月，邓超自导自演的第二部电影《恶棍天使》正式进入宣传阶段，这样密集的日程安排对他和团队来说成为了常态。

现在邓超的忙碌和作为演员时的忙碌截然不同。除去演员身份，他还是导演、综艺节目主持人、工作室主人、话剧出品人、剧场所有者。他的身份越多，背负的责任就越重。

即使是采访过程中，邓超的手机也一刻不得消停。信息来自电影剧组、《跑男》团队，还有工作室的同事。内容则跨越三界，电影海报上的字体和颜色合不合适、《跑男》的预告微博配哪张图更好……每一件都需要他来处理。录制《跑男》他也比其他人更先一步飞抵拍摄地，作为核心主持人，他会参与策划新一期节目的拍摄内容。

"演员的世界很简单。拍一个电影，我只接触一个人的世界，我在那里跟自己、跟角色打交道就可以。"邓超说。

"但导演是一个发散性的、感性和理性交织的职业，演员可以一直感性，但导演会像八爪鱼一样进入到很多很多部门。"

"我去跑男也是，突然就感觉工作的重心不一样了，我不是在场上做一个球星，我反倒是要做一个控球后卫，要把球精准地传到你队友的手上，让整个队获得胜利。"

邓超有一支业余球队，自己也打后卫。他开始越来越多地理解控卫的角色——战术上的指挥者，而不是冲锋在前的肌肉猛男。

"这方面，他是让我们想不通的一个人。"演员栾元晖和邓超同一年进入中央戏剧学院，两人从上学时起便成为好友。在邓超导演的两部喜剧电影《分手大师》《恶棍天使》中，他分别饰演"包露露"和"吉经理"。

栾元晖对邓超的努力和斗志钦佩不已。"我们每次都会问他，你都吃了些什么东西，怎么有这么强大的精神和精力。"

邓超时常约朋友来家里聚会，经常是朋友们都在沙发上困得不行了，只剩他还在精神抖擞地拉着他们聊天。"必须是朋友都散了，他才肯休息，不然就不停。"栾元晖说。

"他是不舍得睡一会儿，或者休息一会儿，暂时告别这个世界。好像老有用不完的精力，老有想要做的那些事情。"栾元晖有时甚至有点担心邓超的身体。

邓超苦恼的是时间被诸多头绪切成碎片，这加剧了他的疲劳。

"毕竟就一个身体，你又要导东西，又要演东西，还有舞台剧，还得做剧院，然后《恶棍天使》又要宣传，（宣传）怎么走，怎么做，预告片怎么剪（都要考虑）"，"《跑男》每一场下来都非常累，身体像碎掉了一样"。

"但都是你想做的，就要全身心投入。"沙发上的邓超直起身子，调整成了前倾的坐姿，努力收拾着疲惫的神色。"我觉得做任何事情是快乐的，是有愉悦感的……不然你一直坚持这个干吗呢？"

‖‖ 不会正常了

"邓超疯了吗？"邓超的朋友、编剧俞白眉说自己最近经常被问到这个问题。

这位老演员、新导演的尺度越来越大，越来越放得开。很多人都说，邓超越来越好玩儿。

这种转变是从2014年夏天开始的。那时邓超的导演处女作《分手大师》进入宣传阶段，他带着一支为电影量身打造的"逗B广场舞"开始到各大城市进行快闪路演。与此同时，一直没有微博的他在6月21日发出了第一条微博："其实我生活里一点都不贱，谁能帮我证明一下？"

这时的微博已经不再是过去那般火爆的宣推工具。不过人们对这位来晚了的段子手还是认可颇多，邓超开始了看上去自恋而神经质的大V之路。

四个月后，第一季《跑男》正式开播，第一次主持综艺节目的邓超卖力耍宝，调动着气氛。

35岁那年，他猛然转身，把人生变成了段子的集合，而和现在这种欢脱、夸张、搞笑的个人形象不同，在此之前，邓超几乎只出现在影视剧作品中，他和人群有意无意地保持着距离。

"我说没疯。"俞白眉一边笑一边说，"你要是认为疯了，那他其实一直都疯。"

俞白眉和邓超认识15年了，两人既是最好的朋友，也是工作上的亲密伙伴。现在回想起和老搭档的相识，俞白眉觉得只有一个词最合适——一见如故。

2001年，俞白眉和宁财神等人编剧的《网虫日记》被导演英达搬上了电视屏幕，正面临毕业的邓超和同班同学偶然间得到剧本，于是便一起将其改编成了毕业剧目《翠花，上酸菜》（以下简称《翠花》）。

俞白眉后来看到了《翠花》，就像电流通过，灯泡"啪"地被点亮一样，"我发自内心觉得这是我写的本意"。

见到邓超的那天晚上，两人一边小酌一边聊起各自喜欢的电影、演员，他们发现无论是《愤怒的公牛》《教父》，还是金凯瑞、周星驰，对方的喜好和自己几乎完全一致。这种高度的共识让两个二十出头的年轻人感到非常激动和痛快，聊到外面天都亮了也没有察觉。

从那时开始，两人彻底结成了死党，成天泡在一起。"他本来就是一个很阳光的、爱开玩笑的家伙，我经常说他，'你真贱'，他真的让所有人开心。"

栾元晖第一次见到邓超是在大学军训的时候，"（邓超）完全是一活宝，特别阳光、开朗、自信那种，乐于去表达、展现自己，特招人喜欢，男生、女生都是。"他形容邓超是"人来疯"，人越多就越嗨，"摁都摁不住"。

军训休息时，教官让他们表演节目，邓超就自己跑上去模仿刘德华、张宇唱歌。

"他身上那种气质不是哗众取宠，而是特别真诚、特别发自内心的。这东西他可能自己也控制不了。"

中戏98级表演班班主任田有良当年看上的正是邓超的这种特质。

当时田有良喜欢和学生在课上侃大山，聊一些生、死、爱、恨、存在的意义这样形而上的话题，学生们的反应并不积极，但邓超是个异类，他会突然要求谈一谈自己的想法。"他会从那儿起来，凳子一放，坐到大家的中间，然后就开始聊了。"邓超一本正经的样子让田有良觉得非常可爱。

"他认真地考虑，认真地回答，和你认真地探讨，这特别的重要，这是别人不会做的。他老有这种特质就会让人觉得不同，我是喜欢不同的。"田有良回忆起这段经历，依然有些激动。

俞白眉、栾元晖、田有良都笃定地告诉我，现在的邓超和十几年前相比，"几乎没有变化"。

"我说邓超真的是很宝贵的一个人。"最近的一次聊天中，邓超跟栾元晖说起自己经常会看着儿子，整个人哭到无可救药。同样做了爸爸的栾元晖非常理解他的这种感性，有时栾也会群发一些关于人生感悟的短信，只有邓超总是会回复。

"他外表看上去像个大男孩，活泼爱闹，实际上心思特别细腻。"栾元晖说，"我觉得他内心还有一个世界。其实是因为他内心的那个世界，才展现出公众（面前）的这一面，所有这一切都基于他内心那种特别大的爱，他是一个特别有爱的人。"

"很多人问我说，他什么时候还会正常？我说如果你们想要那种装的比较正常，他就不会正常了。不光是我和他，我们整个团队就会以这么一个心态玩儿下去。"俞白眉非常肯定。

▕▕▏▏ 新人导演

《恶棍天使》开拍前，邓超、俞白眉和导演徐克一起吃了顿饭。

好酒上桌，徐克高兴极了，知无不言、言无不尽地为他俩答疑解惑了一晚上。

邓超曾经在《神探狄仁杰之通天帝国》中和徐克合作，当时邓超说他"把自己交给了徐克"，1998年上大学的邓超说是看徐克的片子长大的并不为过，这样半师半友的前辈给建议，特别珍贵。

另一位邓超经常请教的是《烈日灼心》的导演曹保平。

还在拍《烈日灼心》时，邓超已经开始为自己的导演处女作《分手大师》做打算。他做了一份调查问卷，上面罗列了一系列技术问题，曹保平让制片主任把这些问卷发到剧组，收集齐各个部门的意见后交给了邓超。到《分手大师》的筹备阶段，邓超甚至从曹保平那里直接要走了不少工作人员。

合作过的成熟队伍会省不少力气。但对新导演来说，一切都在学习之中。

"《分手大师》那时候，很多部门我们还不太熟，到底这个武器怎么用，我们自己不太会。"邓超说，"做完《分手大师》真的懂了好多。"

和徐克的饭局上，让邓超和俞白眉印象最深的是控制拍摄时长的经验。

《分手大师》的粗剪版是4个半小时，想到还要再砍掉两个小时，邓超"感觉要疯了，要崩溃了"。徐克教给了他一个简单的换算方法：预计的粗剪版时间除以计划的拍摄天数，得出的就是每天实际拍摄的有效时长。

"这是商业片的经验，你对体量的把控瞬间就茅塞顿开。"邓超说，"你做的很多活儿可能是无效的，未来也不会在画面里呈现，拍那么多是自寻烦恼，你应该更集中地去拍那2分钟而不是5分钟。"

《恶棍天使》直接受惠于徐克的换算方式。上一次总会发生拍摄15个小时还拍不完的情况，而这次连加夜班都没有。"实际工作时间比上次少多了，拍出来的质量提高了好几大块。"俞白眉说。

和《分手大师》一样，《恶棍天使》同样改编自邓超俞白眉的剧团推出的同名话剧。

"我们做的舞台剧，每天晚上面对一千多买票的观众，他们都很开心。我们知道他们年龄多大，我们知道他们是谁，我们知道他们会对什么东西有兴趣。"俞白眉对话剧舞台上的经验充满自信。

邓超和俞白眉热爱舞台剧，尤其是舞台喜剧，两个人一起看了很多百老汇的剧目。"百老汇是很成熟的一个工业模式。"俞白眉说，"先有百老汇的剧，后来有好莱坞的电影，或者先有好莱坞的电影，再排出百老汇的剧，这两种情况都有。我们既然同时喜欢这件事情，也有一个剧场，肯定想说我们也像百老汇、好莱坞一样（做话剧和电影）。在我们之前中国没有人这么干过。"

他们最有把握的题材，是在剧场中被观众检验过无数遍的这些舞台喜剧。邓超和俞白眉希望借鉴百老汇、好莱坞的成熟模式，摸索出一套可行的商业电影的工业体系。

和被俞白眉称为"无头苍蝇撞出来的"《分手大师》不同，《恶棍天使》找到了顶级的摄影和美术团队——亚洲最好的斯坦尼康摄像机操作员，拍过《疯狂麦克斯》的摄影师，以及拿过金马奖最佳造型设计的郝艺。

在《恶棍天使》中，邓超扮演的恶棍莫非里住在一座完全虚构的地下城中。整个地下世界的设计、构建邓超全权交给了郝艺。

即便是身经百战的郝艺也犯了怵，"超儿啊，白眉，这事有点……行吗这事？没在开玩笑吗？"邓超看着郝艺在朋友圈里自己跟自己较劲，不断地推翻之前的方案，"就像是油锅里熬出来的"。最后地下城建成，邓超第一次进去的时候，直接感动哭了。

郝艺的设计完全超出了预期。"放眼望去几千个细节，你就觉得，天哪！怎么做到的"。说到这里时，邓超忍不住滑下沙发，双肘撑着茶几，向我展示起了手机相册中的剧照，如数家珍。

"你看这些细节，这是我的墙壁。因为我在里面演了一个特别怕噪音的人，所以我的墙全都是用鸡蛋壳、床垫、牛仔裤、鞋包起来，全部包起来……你看一双双鞋做成的墙壁，这是牛仔裤，一层一层的，这是鸡蛋壳，太复杂了这个工序……你看有多少细节，收集的小钟表，还有他自己做的喇叭、留声机。"

邓超一边讲一边回味，"我觉得就是完美，很像美国的《超人》，特别帅。看看照片都会觉得有这帮人真好。"

邓超将《分手大师》形容为一年级，《恶棍天使》则是二年级，再一次做导演，他的心态摆得很正，就是学习，"来虐我，真的随便虐我"。"比如我们后期渲染、调色，调出六种，人家说导演你看，说难听点他把那六个顺序调乱，回头再给你看，你都不一定能看出来，因为你的专业不在那上面，这个我是知道的。"

和"一年级"时另一个非常大的不同是，《恶棍天使》的前期准备更为充分。将近6个月的时间，邓超天天和摄影师泡在一起。

3D建模、演员怎么走位、武术动作怎么和环境相融、长镜头设计，这些都完成后，美术才开始搭景，然后排练、预拍、调整灯光等等。"你真的在钻研工业的时候，才会觉得差得太远了。"邓超说。

"电影中有很多工业里的东西我们不懂，拍特效大片我们不会，我们刚刚有这个市场才两三年，我们刚刚有能力用两三千万美金的资本去拍那些成熟一点的、有工业感的片子，这个过程就是我们这代人要学习的过程。"而选择以喜剧起步，俞白眉承认是因为对这个题材更熟悉，更有把握。"即便到现在我们也是在打草稿，都是希望学得多一点，希望离好莱坞更近一点。我们俩的兴趣不是永远只做喜剧（电影）。"

▥ 我要笑声

《分手大师》上海首映时，曹保平去看了片，他觉得"挺好玩的，那是完全不一样的邓超"，这样的电影以他的经验和感受拍不出来。

曹保平以犯罪类型片见长，邓超在他的镜头下不是面对爱人不能相认的毒贩，就是犯下命案后隐忍偷生的不法之徒，都和在《分手大师》中用尽十八般武艺助人分手的梅远贵截然不同。

"他（邓超）的性格中或者说身体里有这方面的需求，有这种表现的欲望，那你去完成它，我觉得挺好。"曹保平说。

《分手大师》和《变形金刚4》同天上映，依然收获了近7亿的票房，让邓超有些意外，毕竟得知两部片子撞档期时，业界大佬、同行都在劝他们"赶紧跑"。

邓超更在意的是电影院里的笑声。影片上映后，孙俪的妈妈在电影院里画"正"字算起了观众笑的次数：小笑不算，中笑及大笑和疯狂笑有140多次。

但对电影的评论还是遭遇了严重的两极分化。喜欢的人说好笑，不喜欢的人称它是闹剧，恶俗、浮夸、不可理喻。

邓超和俞白眉对这些声音都不陌生。

2001年年底，话剧《翠花，上酸菜》在北京青年艺术剧院小剧场上演，开了贺岁商业话剧的先河，原本只是毕业戏的《翠花》在第一轮商演便突破百万票房，后又加演近200场。

邓超在戏中一人分饰两角，一个是自负的女孩九儿，一个是装酷、满嘴外语的情圣"俞白眉"。邓超反串的九儿一头长发，黑衣、白裙，露着大腿，那段出场时的性感舞蹈时隔多年仍然被娱乐节目一遍遍回放，多批次流传在微博和朋友圈。

"2001年一个话剧卖了100万，比2015年很多电影票房都高。虽然是话剧，但只要演，就爆满，你想想这个反差。"俞白眉记得当时《翠花》也没少受批评，低俗、恶搞，"整个学院派对它的否定很厉害"。

"只要是喜剧一定会这样（被否定），这（批评）不光属于我们，也属于陈佩斯时代的喜剧，也属于赵本山的喜剧，也属于《大话西游》。喜剧历史上面临的局面都是一样的，是什么？都是观众很喜欢，但它不传口碑，总有负面评论，负面评论和观众喜欢程度经常成正比。"俞白眉说。

《分手大师》上映后，邓超的老师田有良自己买票进了电影院，他发现这部电影和当年的话剧《翠花》一脉相承。他有点担心，怕观众不能接受这种风格，但影院内的现场反应非常好，"我也踏实了"。

"说实话，剧本的结构弱了点，但邓超的表演是撑得住这个戏的。"田有良评价邓超在其中的表现是"有技术含量的，而非无厘头、无章法地耍"。"故事就是无厘头，我的表演就是逗你们开心，这就够了。"

"喜剧不是千篇一律。比如说法国喜剧，它是剧情的喜剧，它是靠情节建立起来的喜剧，而不是靠肢体。但也还有憨豆那样的，还有卓别林那样的，各种各样的。我觉得这里面也不完全存在高低问题，只是个人审美几个层次的问题……商业市场有它自身的规律，你就让它自我调节就好。"对于《分手大师》收获的评论，曹保平觉得并没有过分担心的必要。

很多人问过邓超，你到底想表达什么，你觉得最重要的是什么。"我说第一要笑声。"邓超一脸真诚，"我这两年最想做的就是传递快乐。"

在他正式加盟《跑男》时，栾元晖的一个朋友表示不解，"不明白邓超为什么会去参加这样的综艺节目"。但栾元晖理解邓超的选择："他觉得欢乐这种东西，对于我们现在这个环境来说太重要了……通过做喜剧、通过上《跑男》，他要让大家从每天的那种压力下解放出来。"

《跑男》中最标志性的项目是撕名牌，邓超时常会在微博上看到各种学校组织的撕名牌活动。"看到小孩的那种欢乐，那种快乐，他就觉得我做这一切都是值得的。"栾元晖说。

也有不喜欢邓超的人，或者批评邓超的话，现在邓超会专门把它们挑出来看，一边看一边问自己：

"超，你好好和自己对话一下，你这是不是不足，不足就是不足。"

这是以前团队不敢直面的。"原来大家不太敢说（自己的不足），好像非得吹自己的东西有多么多么好，我和白眉也是这样。"
邓超说。

对批评战战兢兢的时代已经过去，现在邓超和俞白眉经常聊起
"属己感"，这是他们自造的词，意思是对自己、自己的话语和感觉
的真诚程度。

"我们这个民族在发表言论的时候，观望得很厉害。本来你自己
的感受太重要了，喜欢就是喜欢，不喜欢就是不喜欢，但我们的顾虑
太多，说一句话前怕狼后怕虎，（还要考虑）是不是太冒失了，根本
放松不下来。"

迈入导演的领域后，邓超一直在以新人的姿态不断请教和学习，
他宁愿多听一些残酷、直率的忠言。

"我和邓超都不相信世界上有所谓的传口碑，我觉得那种东西通
常都有某种包装过度。"俞白眉说，"总会有人喜欢，有人不喜欢。
那怎么办？你要理解这是生命的常态、艺术的常态，正确地面对它就
好了，我们做艺术的宗旨肯定是和喜欢自己的人在一起，对吧？"

‖‖ 爱上操心

邓超觉得自己越来越爱操心。

成为跑男团的队长之后，邓超总是活在一种照顾人的使命感中。
即便在节目录制过程中，他也忍不住去想：嘉宾开心吗？是不是有点
吓到人家了？七八个人唧唧喳喳忙完了一天，总得吃个好饭吧？

"原来根本想不到这些。原来我多爱出风头啊。"

经纪人郭思说，邓超特别会照顾人的特质是在做了导演后被越放

越大的。

"导演就是一个吃苦受累、权衡所有人的利益的工作，这些帮助他放下了很多。"俞白眉同意郭思的观点。

和表演系出身的邓超不同，栾元晖毕业于中戏导演系。在邓超的两部电影中，二人的身份正好对调。

邓超当导演时的表现让栾元晖非常意外，他发现在片场的邓超非常知道自己想要什么。"这是作为导演最重要的一个素质。很多时候要是导演不清楚，或者含糊，那就不好办了。演员有演员的想法，每个工作人员都有自己的想法，导演如果Hold（把控）不住，现场就乱了。"

让栾元晖印象更深的是邓超的耐心。他觉得这可能因为邓超本身是演员出身。"演员是一个极其脆弱的职业，那种慢慢建立起来的信心，可能真的会因为一句话就被摧毁了。所以演员是需要去呵护、去保护的。"

邓超对表演有很多想法，他和俞白眉会预先想好拍摄方案，但并不在片场教演员应该怎么演，他们选择尽最大可能保留演员二度创作的空间。

表演达不到要求时，邓超始终在婉转地鼓励对方换种方式再试一次。"没有任何伤害性，不会让你觉得，我没做好。就算最后你可能还欠缺那么一点，他也会'没问题，很好，过了。你再送我一条怎么样？'经常是这样。"栾元晖做导演时偶尔也会失去耐心发脾气，开始演戏后，再看邓超这种方式，他觉得"太难得了"。

导演的经历改变了邓超看待问题和处世的视角。

拍完《分手大师》后，邓超第一次发现做电影是这么难的一件事。"原来我也有那种秉性，就是我觉得不好，各种吐槽，'这个电影不该是这么回事吧'。"但他说自己现在是真的敬畏，"原来我只是演员的岗位，我不知道那些，我不知道外面发生了什么。"

现在只要有朋友的新片上映，邓超几乎都在微博上力挺，他解释一方面是出于交情的原因，另一方面是因为了解了电影背后的不易。

"我们这个行业是一个很团结的、很家庭的感觉，别自己还觉得你瞧不上我我瞧不上你。"邓超说，"真的一弄，才觉得能上映就已经太难了，先别说排片，能上映再说拿到多少票房。票房不要简单用钱（算），真的有这么多人主动掏钱来看你，很难得，那是艺术的朋友。"

‖ 敢谈孙俪了

许多导演都会给自己的妻子安排角色。一来，和妻子熟悉，可以量身定制角色，二来自家人，片酬档期都好商量，如果上映前需要补拍镜头也能随叫随到，三来好角色肥水不流外人田。

这两年正是孙俪势头正劲的时期。从《甄嬛传》到《芈月传》，她精挑细选，慢工出细活。

对新人导演邓导来说，跟朋友谈工作比跟媳妇谈简单得多。

杨幂答应出演《分手大师》只用了一天半，而孙俪决定加盟《恶棍天使》花了大半年时间。

女主角查小刀这个角色，邓超早早就盯上了孙俪。"有时候家庭单位里聊这个事情就像开玩笑。吃着饭，'怎么样？要不潜规则一下你？'总是会拿这事打岔。"

　　结婚前，邓超和孙俪合作过两部电视剧，《幸福像花儿一样》和《甜蜜蜜》，前者的剧情里，两人扮演性格不合最终分手的夫妻，后者的剧情里，男方变成了植物人。情侣演感情戏有这种那种的麻烦，一团和气了观众不答应，生离死别了俩人的团粉又不乐意。

　　婚后二人在工作上一直保持着距离。"她有她的工作方法、她的选择，就像我有我的选择一样，那些选择都是非常个人的。我觉得婚姻也是这样。你的个体到底是什么，你个人的空间，工作也属于空间当中的一大部分。"邓超说。

　　这一次邀请孙俪，邓超选择公对公地走流程。

　　《恶棍天使》的筹备阶段在北京进行，邓超、俞白眉以及主创团队一起，将前期完成的分镜、试拍效果、3D效果、场景搭建的说明、影片中的音乐元素等材料整理齐备后，出差回上海家中和孙俪做面谈和阐述。

　　这是一个长时间的相互考量的过程，孙俪不断就剧本提出问题，邓超这边进行解释和解答。"她的要求也很高，特别是在喜剧上，特别是在我们从'一年级'到'二年级'的时候。我觉得她跟我的感觉很像，越是家人，做事情好像越是谨慎一点。"

　　确定出演后，孙俪早早开始准备。如果邓超偷懒没给她修改后的剧本，一下子就会被发现，"哎呀这不对啊！你这改了怎么没有更新给我？"剧本中的改动她比邓超还清楚。

　　孙俪的喜剧经验不多，但邓超认定她是个"喜剧天才"。他觉得日常生活中，孙俪和可笑的事情之间产生的化学反应"太好笑了"。

　　正式开拍后，邓超的判断力得到了证实，俞白眉对孙俪的表现感到惊讶。"孙俪表现得特别好，她的戏拍的条数是最少的，她总是很快达到喜剧效果。"他发现虽然孙俪并没有按着一个有经验的喜剧演员的路子来准备，但每场戏的感觉都是正确的。

俞白眉很纳闷，他问邓超是不是私下里和孙俪提过表演上的要求，邓超说没有，每天工作那么累，哪儿有时间。

"我后来想，他们毕竟在一起生活这么多年，可能功夫不在这几个月里，他们应该是把那些探讨表演的时间化在了他们婚姻生活的这些年里。"俞白眉说。

拍了两天之后，邓超也忍不住跟俞白眉赞叹，天啊，我发现了一个特别好的喜剧演员。现在说起孙俪的表现，邓超还是格外眉飞色舞，"她真的好努力，我在边上，我拿家庭单位之外（的身份）来旁观这个事情，我觉得我很希望和这样一个不断努力的演员合作。"

在邓超"想开了"之前，孙俪曾经是他接受采访时的"禁区"。

"我原来有点装，接受采访的时候不聊生活。特别是摄像机一开，充满警惕。'我们不聊这个话题，我们聊工作好吗？'"邓超曾在一次采访中说。

2008年，田有良和邓超一起上《鲁豫有约》，说到媒体对邓超恋情的过分关注，他还有些激动地帮邓超鸣起了不平。"他最初跟我说，他都不会和孙俪一起演戏了。"12月2日，北京望京的一家麦当劳里，田有良回忆起那时的情境，忍不住笑了。"那现在不是演了吗，我觉得他这是更加强壮了。"

初入行时，明星身份带来的责任感、距离感，公众、媒体的好奇扑面而来，完全没有准备好的邓超选择了死死包裹住自己。

"他现在是一个自由自在的（状态），忽然想和大家开个玩笑，他就去开这个玩笑。而且他现在对各种行业规则其实也比较熟悉，不会做错误的选择。他明白什么时候可以让自己放松了。"俞白眉看着邓超一路走来，觉得这样的状态非常难得。

2013年底到2014年春天，半年之内，俞白眉和邓超先后有了孩子。做了爸爸的两人经常感慨地说，一回家看到自己的孩子，出去就再不装了。

俞白眉觉得"成为父亲"这件事让邓超改变了很多。孙俪给他发过一个视频，画面里邓超和儿子等等两人在沙发上学大猩猩的样子跳来跳去。俞白眉乐坏了，他跟邓超说这个视频要是让别人看见了，更得觉得你疯了。

"他本来就是一个有童心的人，只是在这个行业里面好多年童心不敢拿出来。他现在胆越来越大，越来越正常了，他的童心自然而然散发出来了。"

有时候两人一起为电影宣传拍视频，邓超在一边高兴得忘乎所以，俞白眉看着都有点尴尬，"因为我不像他那么天性解放"，但他享受邓超带来的那种快乐。

俞白眉形容自己是世界上最理性的人，"总是冰的"，而邓超是"世界上最热忱的家伙"，两个人可以成为挚友的共识正是都相信人应当从本性出发，天生安静的人安静就好，天生活跃的人就去活跃，不同的人按照自己的方式就可以过得很好，"毕竟人总应该对自己更真诚一点"。

⫸ 初心

拍完《烈日灼心》两年后，吕颂贤才觉得自己正式认识了邓超。

电影中，吕颂贤的角色是一名来自台湾的同性恋商人，跳楼时被邓超饰演的协警辛小丰所救。辛小丰为了掩饰自己的逃犯身份和他发生了关系。

吕颂贤的戏份不多，只有四天，进组时，大部队已经开拍。他之前看过同样是曹保平导演、邓超主演的《李米的猜想》（以下简称《李米》），觉得"邓超在里面的表演是有光彩的"。

吕颂贤开工的第一场戏是台湾商人被救下后去警局感谢辛小丰。在片场见到邓超时，他一个人躲在一边，谁都不理，也没人跟他聊天。有人搭话，他也只"嗯""哦"地冷淡反应。

4天的拍摄过程中，即便是那场肉搏似的激情戏之前，吕颂贤和邓超也几乎没有交流。"因为我们戏里其实就是两个陌生人。我们保持那个感觉挺好的，我对他有一个新鲜感，有一个好奇感，我跟他太熟反而不好。"

那几天的戏一拍完，邓超就回到自己的生活车里，谁都不见，他怕身上的辛小丰跑了。

吕颂贤的戏份杀青后，两人再见面已经是两年后的电影发布会了。

而这两年，也正是邓超状态上越来越放松的两年。

"（发布会上，他）很逗、很好玩、很多话，是这样一个正常的邓超，拍戏的时候就是一个永远都很有心事、很不爽、很郁闷的辛小丰。"吕颂贤说。

再回忆起那4天的拍摄，吕颂贤给予了邓超很高的评价。"我觉得他真的是一个非常用功非常棒的演员，那种投入跟一般的投入真的不一样，他真的是融得挺深的。你没有现场感受，我很难解释出来。他一直压着自己，穿着辛小丰的外皮生活几个月，真的不容易做到。"

《烈日灼心》是曹保平导演和邓超合作的第二部电影，相比8年前的《李米》，曹保平感觉到他更加成熟，在表演上更自信，更有把握性，"越来越有谱"。

"《李米》是一个内心比较复杂的剧本，藏在后面的事很多。难的在于你对人物的理解和感受，然后外化成你怎么演。我觉得他对那个人物把握的准确性也还是很犹豫，没有那么清晰，经常会问'我这样行不行，我那样行不行'。"

这种犹豫在第一场戏时尤为明显。

《李米》中，邓超饰男主角方文，一个离开女友李米在外漂泊多年的毒贩。片子的末尾，方文被抓，留给了李米一盘告知真相的录像带。第一场戏拍的就是这盘录像带的内容。

邓超拍了好多条，用了各种方法，尝试不同的语气，不同的节奏。那时他对人物的心理状态以及表演的控制都还不太确定，曹保平对他是否能够完成也并没有把握。

"但他特别努力，有时候，你觉得这个意思基本对了，但他还是想试试别的。他对表演是不厌其烦地要求，'我能不能再演一次，我能不能再试试这个方法，那个方法'。"

曹保平第一次见邓超是在为《李米》选角的时候，那时邓超刚刚26岁，留着长头发，"毛茸茸的样子"，看着很阳光。

"方文会很压抑，往心里走的，内敛的，在外漂泊多年，脸上、心里都会有沧桑的那种东西，跟他的区别挺大。"曹保平有点拿不准。

那时邓超已经凭借《少年天子》等一系列电视剧走红，但在电影领域还是一片空白。两人谈了会儿对于这部电影的想法，曹保平渐渐感觉这个年轻人应该可以用。打动他的有两点，一是感受力，邓超对方文这个人物的理解力曹保平觉得是有的，二是态度，他感觉到邓超对电影有种敬畏。

"我们这个教育体制把表演，或者塑造角色当成一个艺术行为在进行，本身会有一些敬畏，会崇高，会把它当个事来看，不会仅仅把它当个职业，当个活儿，当个生计。"曹保平解释，"他是学表演的，四年学表演给他的感受，和专业训练少、或只参加过短期培训班出来的人天然还是有区别的，他会把表演当作生命中很重要的事来做，今天这个东西也还在。"

这种态度上的端正，邓超的老师田有良也一再提及。

还在中戏时，田有良留过一个小品作业，他鼓励学生去外面住，到学校外去体验生活，最后只有邓超交回了作业——一堆邻居家的照片，和对那个邻居的采访。"一般的学生不会这样，所以你就知道他是真的迷这个东西了。"

邓超在《李米》中的表现最终没有辜负曹保平的信任，他所期待的沧桑和阅历感都出来了。

"通过那个戏，你会觉得他有作为一个演员的能力和潜力。那个时候，我就知道这个孩子将来能行。因为他不断地这样演那样演，区别还挺大的，你就可以看出这个演员的外延有多宽。"

筹拍《烈日灼心》时，曹保平再次想到了邓超。

"我始终对他很放心，因为我觉得好的演员取决于两方面，一方面是天赋，一方面是态度。他都有。在天赋方面，他作为一个表演者，他是能吃这碗饭的。作为态度，我觉得他现在正是最好的时候，他现在每一个角色，我觉得都挺能付出的，他还处在沉浸在那个创造的乐趣、并且为了创造角色，什么都豁得出去的最好的时候。"

为了辛小丰这个角色，邓超彻底变了一个人。在厦门三个月的拍摄过程中，他为这个背负着沉重过往的活死人受尽了折磨。拍摄过程中，因为演员的表现出色，曹保平甚至直接把标准从"正常"提升到了"要有一些意想不到的光彩"。

最终，这个角色让邓超在第18届上海国际电影节拿到了入行以来的第一座最佳男演员奖杯，邓超把它看作"额外的惊喜"。"我在这上面的胜负欲没那么强，也没有那么功利——我要拿个什么奖，或是为了得到什么而选择一个什么样的题材。我觉得No，那个太不享受了。光彩照人的红地毯，都会过去的。"

名利会过去，奖杯也会，那永恒的是什么？

2015年11月16日晚上7点，在《博客天下》视频采访拍摄的间隙，邓超带着我在他的超剧场逛了逛。剧场已经装修完毕，办齐最后一道手续后就将正式投入使用。按照预想，除了日常的演出外，剧场还将被免费提供给需要舞台的年轻戏剧人。

走到二楼主控台时，邓超停下了，他像个大男孩一样地趴在栏杆上俯瞰着暖光中的剧场，有那么一会儿没说话。

舞台的大幕已经拉开，工作人员正在台上布景、调光，台下516个座位空无一人，看着就像话剧开演前的舞台合成。

舞台是邓超的起点，他在那上面找到了表演的乐趣，对艺术的热忱，以及17年后依然令他感到兴奋和满足的事业。

邓超还能回想起第一次站在属于自己的剧场中的情景，他觉得美妙极了，一个人在剧场里四处走，"一会儿在这儿发发呆，一会儿在那儿发发呆"。

"当时在想什么？"

"当时就在想，你怎么会和这个行业走到了这一步。"

舞台灯光的映照中，邓超的眼睛亮亮的。

好友俞白眉认为，成为父亲后，邓超越来越放松，彻底"不再装了"。

⫶ 专访：我在沉淀，我不需要停下来

邓超和俞白眉发明了一个词，叫"属己感"，能支配自己的人生，说自己想说的话的人才是幸福的。

孙俪是个谦虚的笨鸟

《博客天下》：你跟孙俪很久没有一块儿演戏了，这次在《恶棍天使》中合作，感觉怎么样？

邓超：因为家庭关系，总会有一点化学反应的，很奇怪。

《博客天下》：化学反应指什么？

邓超：在现场探讨的时候，我是那种非得见真章的，"好，你要不来击败我，你说"。孙俪来的时候出现了一个特别奇妙的效果，我说孙俪这样这样这样，她说我不认为是这样。那个时候曾经也考虑过回家有没有饭吃，毕竟（工作和家庭中）那两个身份是交织在一起的。

我们说了一大堆，然后我问，"你说呢,白眉？"俞白眉会默默地掏出手机开始玩游戏。我们俩就去现场拍了，我说行，先进去，先这样拍。后来听说白眉一个人留在监视器那儿，跟所有人说"这个时候说话，我傻啊？！"他特别鸡贼。

但是结果非常的美妙，看完之后我真的是心里窃喜她的表现，我太了解她的创作，我跟她在一起之后会觉得，她始终在（表演）这个问题上像一个极其谦虚的学子。

她经常会问学院教的是怎么怎么样的，你念的是怎么怎么样的。我还去找我们中戏的台词书、教程给她看，她真的觉得自己是个笨

鸟，而且是很谦虚的笨鸟。《幸福像花儿一样》那时候她就总是问我，"你不看词吗？"我说看一眼就行了。"你怎么做到的？"我说我脑子不好，她也知道我记性很差，我整理箱子也整不了，我看那个箱子我能发呆发三个小时，但我看词就很快，可能头天临睡前或者什么时候看一下，她说"我就不行"。

像《甄嬛传》那么大面积的台词，她提前多少个月就开始看，那么早的把剧本要到，一场一场用各种颜色标出来，我看她的剧本，我的妈呀！特别细，细到我觉得如果我来做这事就撞墙死了得了。

太复杂了，各种小便签条：她跟他的回忆用紫色，她跟他的恋情发展到了什么样子，人物线什么的。她脑子里的东西她必须标注出来。

她真的好努力，我在边上，我拿家庭单位之外（的身份）来旁观这个事情，我觉得我很希望和这样一个不断努力的演员合作。

你不要做那个想调众口的人

《博客天下》：你之前讲喜剧最重要的是和观众合拍，《恶棍天使》是合拍的吗？

邓超：《恶棍天使》现在还没上映，不敢妄言，但我们努力在做的就是这个事情。

《博客天下》：它首先和你合拍的。

邓超：首先我们是认同的，而且我们在剧院经过那么多场话剧的实验，我们希望和相信会是合拍的。《分手大师》当时收获了很多声音，两极的，但我觉得也是合拍的。

《博客天下》：你怎么看当时那种两极化的评价？

邓超：我觉得这个世界太大，这个世界要有各种各样的声音并存。

《博客天下》：众口难调？

邓超：你不要做那个想调的人，如果这是一条街的话，我和白眉只是开了一个饭馆，有特爱这口的，也有吃完这口再也不来的，我不能做一个要求他们的人，我不是评判家。那些（负面评论）我也会认真地看，我会真的，包括白眉也是，都真的去学习。你说哪儿不好，我们自己修整。

我觉得艺术家是为了创造声音而来的，而不是我们自己去评判声音、比较声音。我们现在特别爱聊票房，爱聊中国电影，谁一来都是中国电影这样不行啊，或是中国电影这样很好啊，我觉得其实艺术工作者不应该去负担这些事情。最重要的是你自己的心态，你是不是享受其中，是不是清楚你想呈现什么，你的目的是什么。

我们在做一个什么样的产品，我们想要什么样的东西，比如说画面、音乐、剪辑方法、特效的匹配，我们构建的那个世界我和白眉还是知道的。昨天我们还在探讨这个事情，他说的那个属己感挺好的。

《博客天下》：属己感？

邓超：他说我们这个民族，特别是在发表言论的时候，观望得很厉害，我们好像不那么爱强调自我。本来你自己的感受太重要了，喜欢就是喜欢，不喜欢就是不喜欢，但我们的顾虑太多，说一句话前怕狼后怕虎，（还要考虑）是不是太冒失了，根本放松不下来。

《博客天下》：那你呢？

邓超：我是一个属己感蛮强的人。

《博客天下》：你原来说自己不会说话，正在学着怎么去表达，和现在反差挺大的。

邓超：对。其实原来那时候也是很欢乐的人，只不过后来你和社会握了下手，拥抱了一下，找对了感觉。我觉得特别好，现在想想就像你有过一些挫折、不一样的人生体验一样。其实我也没怎么变，白眉了解我，他经常说我，唉，一点进步都没有。

《博客天下》：你目前的两部电影都改编自同名话剧，是打算一直做喜剧还是有其他设想？

邓超：当然要玩，我和白眉聊了非常非常多的创意，我们也想拍《老无所依》那样的电影，我们也想拍《阿甘》那样的电影，包括像《给雅各布神父的信》或者《愤怒的公牛》那样的我们都想做，甚至科幻题材的、古装题材的、穿越题材的。我们有挺多蓝图的，而且我们想好了怎么去拍，对于投资、对于回报、对于选择什么样的合作伙伴，都想好了。我说我也可能拍艺术片，到时我就真的只有一个移动的监视器，几十个人，然后也没有投资压力，你明白吗？我不会当一个商业片去做。就是相应的制作模式我都想好了。

《博客天下》：你觉得自己驾驭得了吗？

邓超：我从来不会问自己这个问题。因为电影意味着任何可能，我只去决定做还是不做，快乐还是不快乐。我的求知欲很强，我可能做得很傻，我可能做得大家也不认可，但我还会努力去做，踏踏实实去做。我觉得认真去做，然后你赋予它时间的含量，乐在其中，就足够了。

喜欢的东西就没有真的失败

《博客天下》：当初是怎么决定要自己做话剧的？

邓超：那个过程让我挺感动的。我们当时在北边开会，还有几个行业外的朋友，会上聊了半天，后来我们另一个合伙人钱总说，简单说就是赔几年、赔多少多少，有一个这样的限度，然后直接就问，做不做？做。来，董事会结束。挺悲怆的，真爱这个东西，而且我们坚定地觉得能做好，压力先背上，就觉得不做这个就不对了。

《博客天下》：实际赔了吗？

邓超：没，挺好的，要不然不会开这个（剧场），亏损情况很厉害怎么会有剧院？民营剧团有剧院的一只手就可以数完吧。

《博客天下》：什么时候开始有"我要有一个自己的剧场"这样的想法？

邓超：很早就有了。其实原来十几年前哪儿敢想啊，那时候在北京这种大城市你要是想有个地方演出其实场租是非常贵的，而且又很难排期，预订的话（剧场）对你的要求就会非常严格，你得做出剧目，做出剧目还得找排练场，那也很贵。前面还有别人的演出安排，所以就很被动。

《博客天下》：自己开剧场，压力大吗？

邓超：成本问题，这是最现实的。我们有这么大一个东西放这儿，在中国最好的地界，长安街边上，一年，场地费、工商水电、工资，运营是个问题啊，你不能说天天搞艺术，也得吃饭吧。

《博客天下》：你对这个剧场的信心从何而来？

邓超：还是爱这个东西，骨子里还是爱这个。一个人未必能干好这个剧场，我还得碰到专业的人。在管理上我不会插手，但我知道我具体要做什么事，我要把剧目选好，方向性选好，推广做好，这是我要去做的。未来我们可能还有新的合作伙伴，最近我们也在聊，有广场、有电影院的地方我们是不是就可以把剧院做进去？

还有一点是什么，你爱这个东西，我们希望它是良性的，但我们有没有那么好命我们不知道，我们可能处在一个不是那么蓬勃的时期，比如我们真的处在一个没人看舞台剧的时期，这里很自然地要关了，但你说会不会有人再做这个事情？一定有。无论萧条与否，艺术是永恒的，总有人在做，我们既然有这个想法，有这个能力，有这个喜好，有这个爱，我们来做我们觉得挺荣幸的，我们还有工夫来做这个事情，我们还能扛住，还能坚持住，但能坚持到哪天不知道。

《博客天下》：考虑过失败的情况吗？

邓超：因为你喜欢，它就不存在这个问题，其实这个风险没有多大。你喜欢这个东西，在这里面玩，干吗要去用风险衡量？那完全是自己当不了自己的主人吧。没有什么"万一失败"，你喜欢的东西就没有真的失败，你就在做你喜欢的东西啊。

我不是那种一刀切的生命体

《博客天下》：你以演员出道，现在又当导演、又做综艺节目的主持人，和俞白眉一起建了剧团，又有了自己的剧场。为什么要尝试这么多不同的角色？

邓超：因为爱这个，因为太爱表演了。

《博客天下》：很多人也很爱表演这条路，但是只专注做演员这一件事。

邓超：我觉得我在艺术的领域里面像一个如饥似渴的孩子进了迪士尼一样，我真的饥渴，而且我真的相信它们能互助。你也看到《烈日灼心》了，没问题，我也在做。《跑男》，我也在做那个领域的事情，主持人方面我还挑战了一下自己。我未来还想拍《阿甘正传》，我也想做话剧，对不起，我的爱好特别广泛。

《博客天下》：这些不同的角色，在你心里有一个排序吗？

邓超：没有。因为就像我们不是一场竞技一样，不是你跑了9秒，还是我跑了8秒。同行之间是这样，跟自己更得是这样。而且如果要排序的话，生活更重要，工作现在已经占我太多时间了。那天我在登机口正好碰见黄渤，两人交流了一下，他说，他孩子怎么长大的他都错过了。究竟什么是最好的风景自己还得斟酌一下。

《博客天下》：那你会像黄渤一样休息、沉淀一段时间吗？

邓超：我觉得这方面我倒还好，我沉淀的时间也够。其实不需要一年专门花300天来沉淀。因为我在工作的时候也是在沉淀，两个东西不冲突。比如说做导演的时候，我会在旁边看他们是怎么进行这场摄影的，在家陪孩子的时候你也会对工作进行沉淀。其实不是相互观望（的状态），而是交融在一起的。我好像不是那种一刀切的生命体，沉淀就必须停下来。每个人选择的形式都不一样。

《博客天下》：你会不会担心职业上的枯竭？

邓超：其实这并不是一个挖掘自己的过程，而是把更多的东西吸纳进来了。演员也好、导演也好，我不是把我的煤挖空。因为这些工作是富有创新性的，是"又和谁踏上了一个什么样的旅程"。跟你的经历、跟你和这个世界的关系，包括你的世界观、生活都是息息相关的，你的创造性也是在成长的。

《博客天下》：你觉得自己现在算是成功了吗？

邓超：我现在蛮快乐的。

《博客天下》：你怎么定义成功？

邓超：我觉得属己感强的生活就是成功的。你认同你现在的生活吗？我每天晚上睡觉时都感觉特别美好，我回想今天发生了什么，憧憬明天，明天我要开个会，做个采访，我把采访也当做快乐的事情，当成分享、求教，我也能从采访者身上得到很多东西，而不是说那是我的一个工作，要采访、开会。我觉得属己感强的生活就是成功的，自己觉得这个事情好，很开心，那就很好。

（2015.12.15）

张涵予：智取杨子荣

　　知天命之年，张涵予圆了孩童时期的夙愿。他走得不快，却等到了想要的大部分。

本刊记者/陈雨　高诗朦　图/邵欣

张涵予（左）、徐克在电影《智取威虎山》拍摄现场。

2014年12月15日，姜文的《一步之遥》和徐克的《智取威虎山》在冬夜中的北京同时首映，同样是大导演、3D技术，但和半年来不断高调宣传的《一步之遥》不同，徐克和他的电影让人感觉有些意外。

在《一步之遥》差评凶猛之时，《智取威虎山》几乎得到了当天观众的一致好评。影评人何言打出了五星的高分，并在微博上评论称："完全意料之外的爽！几十年前的样板戏，竟然被一个六十岁的香港导演拍得这么充满后现代激情。夹皮沟土匪突袭那场戏，爽到飞起！"他不断用"炸裂"一词形容自己的激动，"梁家辉版座山雕炸裂！韩庚那句'爷爷'炸裂！张涵予的杨子荣炸裂！全戏炸裂！"

徐克想拍《智取威虎山》想了将近40年。20世纪70年代，在纽约的他第一次看到了谢铁骊导演的电影版《智取威虎山》，从那时起，便再也没能忘记杨子荣这个深入威虎山，和战友里应外合剿灭土匪的英雄形象。"他（杨子荣）不是007，不是蝙蝠侠，也不是蜘蛛人或者钢铁侠，他是一个有血有肉的真人，是一个真人英雄的典范……是介乎于土匪和军人之间的人物。"他曾在采访中说。

徐克版《智取威虎山》从4年前开始筹备，其间经历各种变故，但有一点导演自始至终确定不疑——饰演杨子荣的人选只有一个，张涵予。

"除了我，没人能演杨子荣。"张涵予很肯定地对《博客天下》说。他坐在化妆间的一角，跷着二郎腿，点了一支雪茄，古铜色的脸藏在烟雾后面，剑眉之下目光冷峻。

‖‖‖ 剑一抽出来就知道砍谁

"他（张涵予）完全相信自己是杨子荣。"徐克曾如此解释自己的选择。电影中，张涵予扮演的杨子荣一身黑色皮毛衣帽，画着浓重的眼影，留着络腮胡子，满嘴黑话，和之前在样板戏、电影或话剧中的经典红色英雄形象截然不同，匪气更重，看上去深浅难测。

"我们那个时代，年轻人心中都有英雄梦。"张涵予对《博客天下》说，"有的人喜欢焦裕禄，有的人喜欢草原英雄小姐妹，我就喜欢杨子荣，因为他刺激、有挑战性。他可以置身于这么危险的环境，还这么泰然自若，入虎穴完成了这个任务，就是个传奇。"

1964年出生于干部家庭的张涵予在甘家口机械部大院长大，四五岁时第一次拿到《智取威虎山》的连环画，"直接看傻了"。八大金刚、土匪、座山雕，杨子荣打虎，"那么多枪"。小男孩对于战争、冒险、胜利、荣誉的向往被激发了出来。那时风靡的京剧样板戏《智取威虎山》，他听一遍就会。

每天出门前，张涵予都要按照杨子荣的样子打扮一番，戴棉帽，穿绿军装，背武装袋，没靴子就用雨靴代替，没虎皮坎肩就穿毛坎肩，哼着京剧中小常宝控诉土匪罪状的段子呼朋引伴，在街上边走边唱《林海雪原》和《打虎上山》。

儿时的张涵予一直盼着中苏开战，大院里的男孩们拿着假枪，在挖好的防空洞里互相攻防，一拨演苏联人，一拨演解放军。"那会儿我们的偶像都是像《钢铁是怎样炼成的》里的保尔·柯察金那样，顶天立地的钢铁男儿。"

多年之后，张涵予参演第一部电视剧《梦开始的地方》，曾借他的角色之口概括了他曾经生活过的那个年代。"那是个纯真多情的年代，因此青春更加宝贵。那是个勇气和荣誉的时代，激情与牺牲高于一切。"

随着"天天做梦都盼着打仗"的男孩的长大，当时的男性榜样杨子荣并没有消失，而是"潜移默化中不停地成长"。

11000公里之外的美国纽约，中国领事馆放映的《智取威虎山》激起了另一个年轻人的创作欲。

当时的徐克还没有当导演，但就是觉得这个故事跟自己有关，如果有机会把它变成自己的电影会很有意思。几年之后，在和导演谢晋一同吃饭时，对方问他，你是拍武侠片的大师，如果回国拍片，你最想拍什么题材？徐克想也没想地答，《智取威虎山》。谢晋一愣，不明白这个在美国上学和生活的香港人怎么会知道，并且对"红色经典"题材感兴趣。

徐克的解释是，他从片子中看出了强烈的民族意识，但更重要的是，他被故事里江湖与时代英雄的关系所打动，这种坦然而豪气的人物是值得找寻、结交和记录的。

"徐克是一个天生富于幻想的艺术家。"张涵予说。他手里的雪茄一直没有放下，烟雾后面，左边的嘴角微微一挑，露出了个狡黠的笑容。

虽然生长在不同的文化环境中，但当徐克找到张涵予时，两人不谋而合。"等太久了，三十年磨一剑，把剑一抽出来就知道砍谁，你明白吗？"张涵予说。

4年前的9月，出品人于冬、监制黄建新和徐克、张涵予一起在北京三环边的一个饭馆吃了顿饭，正式聊了聊电影《智取威虎山》。席间，徐克提出的一些对原著的想法，出乎另外三人的意料。考虑到作品的历史地位，和观众对它的熟悉程度，徐克最终决定更慎重一些。当时的计划是12月开机，徐克早早开始在东北搭景，但剧本修改却迟迟完成不了。之后的几次相遇，徐克都不断告诉张涵予，要拍了，正在筹备，但剧本还是不成熟。"我肯定要等这个角色，他们只要提前打一招呼，说今年要拍，我肯定就把工作全推了，一定要演他（杨子荣），因为在我的表演生涯中，这是一件非常有意义的事情。"而一等又是几年。

电影最终在2013年12月19日开机，那天是张涵予的49岁生日，即将"知天命"之年实现了孩童时期的愿望，他将这视为徐克送给他的大礼。

在小兴安岭的那五个月张涵予过得并不轻松，高强度的动作戏，每天连续十几个小时的拍摄，再加上几乎没到胸口的积雪，以及拍摄《集结号》时落下的腰伤，都给了他不小的折磨。

但这些都远不及得偿所愿带来的甜蜜。在剧组的日子，喜欢唱戏的张涵予每天都用手机连着音箱听《智取威虎山》的样板戏。"在白雪皑皑的东北，拍着《智取威虎山》，听着《智取威虎山》的京剧，感觉特别好"。

▏一升国旗就掉眼泪

张涵予毫不掩饰自己对毛泽东的崇拜。在他的影响下，连经纪人宋志涛也买了一套《毛泽东选集》。

《宋史》中写"半部《论语》治天下"，这和张涵予眼中的毛泽东诗词有异曲同工之妙。"你把毛主席诗词全部看一遍，你一生都够用了，其他的什么都不用看了，工作中、生活中（需要的）全都有了，你就按毛主席诗词去干、去办就行了。"他说。

《集结号》是张涵予熬了10年第一次领衔主演的电影，拍摄时，周围的风言风语很多，像"这样一个角色让张涵予这种在北京大院里头长大的孩子去演，王中军要赔惨了，冯小刚要完蛋了"这样的话，他并不陌生。

"我想咱们等着瞧吧，遇到很纠结的事，或是有压力的时候，毛主席的教导始终闪现在我的脑海里，'风物长宜放眼量'。毛主席长征时面临着中国革命的危机，还有革命浪漫主义情怀。"他曾在采访时说。

毛泽东的外孙女孔东梅和张涵予是好朋友，她曾经打过好几通电话劝说他出演毛泽东。对于有没有动过心思演自己的偶像，张涵予没有给予《博客天下》明确的回答，而当时收到邀约后，他考虑再三，觉得怎么化妆都不像，最终没有答应。同样的事情在2014年8月热播的《历史转折中的邓小平》中也发生过，这部电视剧曾经想找张涵予出演邓小平，一番思虑后他推托了，还是因为觉得扮得不像，说不过去。

张涵予在代表作里演的几乎都是英雄人物，《集结号》里的谷子地、《风声》里的地下党"老枪"、《十月围城》里的孙中山、《厨子戏子痞子》里的爱国青年厨子等等，不难看出儿时萌芽的英雄情结。

"我觉得现在正能量太少了，需要一些荧幕形象出来，激励人、鼓舞人。我们现在不是老说正能量吗？就是谁也不愿意生活中老有负能量的东西，对你身体也没好处。我这些角色几乎都是正能量。"

杨子荣几乎是中国当代史中最著名的"正能量"。但在电影的创作过程中，这给徐克和张涵予带来了不小的难题，他们必须对角色进行"去英雄化"处理，打破一直以来杨子荣脸谱化的舞台形象和观众先入为主的成见。

"特定的历史条件下，我们需要用那样的英雄人物激励国民的斗志去建设国家，那个是一个时代的宣传需要。"张涵予说，"好莱坞大片里全是美国英雄，其实中国也有英雄，只不过原来的作品中高、大、全，把人物都拔高了，创作者太多的说教、太多的解释、太多的假的东西在里面，让观众觉得反感。"

电影中，张涵予版的杨子荣看上去亦正亦邪，一出场就被小栓子（被土匪害得家破人亡的小孩）误以为是土匪，203剿匪小分队首长少剑波甚至还向司令部打电报求证此人的身份。

"必须特别土匪你才能打进土匪老巢，要让土匪相信你是胡彪，不是杨子荣。"片中的杨子荣满口东北黑话，以至于电影的字幕旁必须再配上解说，"否则根本听不懂说的是什么"。

在《智取威虎山》的宣传活动中，徐克和张涵予不断地强化着"中国版007"的概念。和詹姆斯·邦德一样，杨子荣也是化装成对方，直接打进敌方内部，完成了几乎不可能完成的任务。而他和007相比，没有其他人的帮忙，是真真正正的孤军深入。

张涵予在片场的即兴反应经常给徐克惊喜。"也许很多时候我们剧本里没有这么幽默的东西，但他（张涵予）就会把它变成很幽默的说法。而且我常常担心我们的人物会突然冒出一大堆讲道理的内容，但张涵予比我更加注意这些方面，他有时候会把说教的、口号的东西都拿掉，换一种更自然的方式。"

张涵予对自己塑造的杨子荣形象寄予了厚望，他希望能用当下观众更接受的方式让这个曾经激励过他的英雄形象得以延续。

几年前拍《风声》的时候，他和周迅分别饰演地下共产党员"老枪"和"老鬼"，经历国民党非人的酷刑折磨也坚持将情报送出。周迅问他，为什么这些人连生命都不顾，就要献身于这个事，她不能理解。在大院中长大，从小受英雄主义熏陶的张涵予毫不含糊地告诉她，就两个字，信仰。

"其实当今我们更需要英雄，但现在太少了，没有人提了，一提信仰、英雄这些东西都觉得不靠谱。但其实你作为一个普通人，看这个（《智取威虎山》）还是会对他（杨子荣）肃然起敬。"他也因此觉得前一阵召开的文艺座谈会格外重要，"文艺工作者应该有一份社会责任，应该传递一些正能量的东西给年轻人，这是迫在眉睫的事。"

张涵予说自己特别爱国，在电视上看到升国旗都会掉眼泪。"我就是这样一个人，那个音乐一响就能触动我，我控制不住，也改不了了。我真的是一个特别特别爱国的人。"

‖ 越大的东西越难烧

不止一位采访过张涵予的记者在报道中写过，张涵予不像这个圈子里的人。

不爱制造话题，不喜欢谈家长里短，只要不工作，就在公众视野中消失得无影无踪。采访之前，张涵予的助理叮嘱《博客天下》说，他不确定今天张涵予的状态。尽管和黄渤一起出演过很多电影，但与黄渤问什么答什么的"服务型人格"不同，他在和媒体的沟通中自我而强硬，很少笑，也不怎么变换坐姿，或有什么肢体动作。

除了演员的角色，张涵予更适应的是"宅男"身份。在家读毛泽东诗词，唱京剧，斗蛐蛐儿，有兴致的时候写写毛笔字，画两笔画，拉拉京胡。剩下的大部分业余时间、金钱和精力，他都放在了古董家具的收藏上，已有十余年之久。

认识张涵予的人会说他活得老派、端着。就算是聊天也喜欢往形而上的聊，理想、精神、历史，怎么从清朝雍正、乾隆、同治和道光时期家具的龙纹形状看出清政府的衰败等等。好友马未都评价他是个有文化情结的人。

在44岁出演《集结号》之前，他配了10年音，跑了10年龙套，出现在了8部冯小刚的电影中，不是葛优的一个只用"嗯嗯啊啊"接电话的同事，就是傅彪身边一个没有名字的朋友。有记者问张涵予，44岁是不是有点晚？他说觉得挺好，大器晚成。"我喜欢古玩我知道，这词是从瓷器来的，烧小烟灰缸，一天就好，烧大缸，烧一年也不一定好，一打开窑可能就坏了。越大的东西越难烧。"

30多年前，张涵予还只是那群不甘寂寞的大院子弟中的一个，逆潮流而动，特别愿意不断破坏规则。"家长规定往左，我偏往右。老师说不能上房，结果全上房。领导说你们得这么着，我们说不，我们非要那么着。就是不愿意做'五分加绵羊'。什么叫'五分加绵羊'，考试得五分，绵羊多老实啊。"张涵予告诉《博客天下》。

而现在，50岁的他察觉到了危机感，觉得好像还有好多事没干，好多人物没演，好多戏瘾没过。《集结号》之后，王中磊曾经劝张涵予少接一些类似的角色，但他还是想演那些"有点情怀、有点正面作用的戏"，就像这一次的《智取威虎山》。之前他也试过一些不一样的，比如和年轻女演员在戏里谈谈感情，但总是不太对劲。

"到我这年龄会觉得时间飞快，但我又知足常乐。我有很多收藏，不快乐的时候看一看它们，马上就快乐了。"他希望得到的，终究没有错过。

电影《风声》剧照。

电影《集结号》剧照。

电影《厨子戏子痞子》剧照。

‖‖ 心头好

相比于影视圈，张涵予和收藏圈走得更近。在他的诸多收藏中，有一样令他最为得意。

2001年，张涵予花20万从收藏家梁广平处购得一张高古罗汉床，好友马未都判断是晚宋时期的，但张涵予觉得是更近一些的15世纪，"那床应该是目前我们见到的实物里最老的一张"。床的三面高围板嵌满绞胎瓷，绞胎瓷起源于唐，灭于宋，之前出土或发现的都是在小件物品上，目前已知的大面积应用仅张涵予这张床一例，"马未都一直都想把这张床放在他博物馆里"。

张涵予和这张床差点擦肩而过。之前的买家是个美国人，交了定金便回了美国，本来约定3个月后发货，但美国买家却在当年的9·11事件中遇难。梁广平把床重新从库房拿出来，正好遇上了刚刚进门的张涵予。"我说，呦，这张床没走？给我，我要！"当时他还一下子拿不出那么多钱，先交了5000美金定金，然后"玩命去挣钱"，花了很长时间才终于把这件"心头好"搬回家。

（2014.12.25）

"玩主" 陈柏霖

玩，对于陈柏霖而言，是一种常见的"运行"状态。他通过这种方式，来打捞"有趣"。

文/徐欧露　编辑/卜昌炯

陈柏霖一边说话，一边摆弄着腰间露出的一段绳头——他的休闲裤裤带——无意识地上下甩着。

这个33岁的男人，总能适时找到身边的"玩物"。有时是一把吉他，有时是一本书，有时是厨房里的锅碗刀叉，而此刻，他正拥有一截绳头。

就像他曾经饰演的孙悟空有诸多分身，陈柏霖不羁的、暗示着成熟的胡茬后，藏着十万个玩性十足的少年。玩，对于他来说，是一种状态，也是一种境界。他喜欢玩着就把事做了。

"柏霖有一点点双重性格。里面有一块比较沉稳、很成熟的一个老灵魂，但另外一个完全是很幼稚的，对世界所有东西很火气，像个孩子。"新加坡导演陈哲艺告诉《博客天下》。他是即将上映的《再见，在也不见》的监制，陈柏霖在这部电影里一人分饰三角。

在片场，陈柏霖努力向剧组人员展示了两个自己。一个会在开拍前，用心了解不同部门接下来的工作，用手或眼神捕捉所有摄像机的机位、光的位置，力求呈现出来的画面精准、唯美；一个会在实拍前一刻，突然做出鬼脸，嘴里冒出奇奇怪怪的词，搞怪、夸张地先把角色演一遍过瘾。

陈柏霖说他接拍电影不会去选择类型，也很少挑剧本，最直接的一个考量标准是"角色是否有趣"。为此，他演过"千年一遇"的暖男李大仁，演过闷骚颓废的地理老师江河，演过又酷又帅的猴子孙悟空，也演过啰里啰嗦、贱兮兮的唐僧。

"演戏对我来说是一连串的惊喜跟冒险。"他说，"如果一直做同样的事情，就会觉得无趣。"

在寻找乐趣这件事上，他总是不遗余力，且表现得相当有才华。

除了演戏，陈柏霖还喜欢音乐，曾和朋友一起组建过乐队。读书也是他的一大爱好，雷蒙德、钱德勒、加缪、村上春树、保罗·奥斯特等都是他的最爱。他还是一个科幻迷，对麦田怪圈、UFO（来历不明飞行在空中的物体）以及外星人等话题保持着不倦的热情。甚至做菜他都能做得很嗨。

正热播的明星真人秀《我们相爱吧》里，陈柏霖和来自韩国的女星宋智孝成了一对CP（配对、组合）。两人的初次见面是隔着一堵墙完成的，他从墙洞里送给对方的礼物里有一个一头正贴着他胸口、能听见心跳的听诊器，还有一个他集齐70本杂志才获得零件、连夜拼出来的机器人Robi——接下来的日子里，Robi成了他的告白利器。

身为一个会玩的boy，陈柏霖撩起妹来也别有创意。

"有趣"是陈柏霖挑选角色的首要标准。

‖‖‖ 让"水花儿"溅得更远

演员高华阳还记得《后会无期》里的一场冲马桶的戏。陈柏霖站在那里，水声潺潺、灯光惨淡，他小声说着台词，好像在自言自语。高华阳看着监视器，突然悲伤得想哭。

后来导演韩寒才告诉他，这其实是一场搞笑的戏。但陈柏霖硬是演出了另外一种调性。"文艺给我感觉，除了小清新，其实就是那种悲情状态。"高华阳对《博客天下》说。他是一名赛车手，在《后会无期》里扮演走丢的胡生。

对于身上的文艺标签，陈柏霖不置可否。"其实是观众想要选择看到什么、想要贴什么标签在你身上，那是他们的决定。"他是注重自我的人，"从来不会去塑造什么。"

这种态度恰恰符合了方励眼中陈柏霖的特质："韩寒和他可能都是一类人，那种比较自由的人，不端着。"也是因为这个，他才撮合了陈柏霖与韩寒在《后会无期》里的合作。

方励第一次见陈柏霖，是在成都的一个宾馆里。当时电影《观音山》马上就要开拍，试片之后却发现，原定男主角气质和角色不搭。不得已，制片人方励需要物色新的人选。

那时他还没见过陈柏霖，心里也没准，他的目标是年龄合适又有档期的台湾男演员，剧组选中了陈柏霖和张孝全。"我们就是看谁快，当时我给两个经纪公司都说了，你们谁先定，我们就用谁。"方励告诉《博客天下》。因为两天之差，陈柏霖得到了这个角色。

那天，陈柏霖像往常一样穿着随意，手里拎着他走哪儿都带着的做音乐小样的mini。简单试了几场戏后，方励和导演李玉都很满意。"有艺术气质，蛮可爱的，像个孩子。"方励回忆。

那是2010年，"孩子"陈柏霖已经27岁，出道8年。

2000年夏天，他走在西门町的大街上，想要去买一杯芒果冰，一个自称导演的人拉住他，问他想不想拍电影。再之后，他就成了《蓝色大门》里的张士豪，"O型血天蝎座、游泳队吉他社"，青春在他脸上咄咄逼人，一笑起来，风生水暖。

其后十余年间，出现在荧幕上的陈柏霖都有着大抵相似的气质：温和、正派、朝气、偶尔忧郁——包括后来让他火遍海峡两岸的电视剧《我可能不会爱你》中的"大仁哥"。

角色和他自身相互雕琢，他周身散发着一种仿佛来自旧世界的安宁，满足了以女性为主的电视观众对于好男人的大部分想象。

后来，方励请来韩寒为《观音山》的主题曲作词，这是陈柏霖第一次认识韩寒。他开始在微博上关注对方，越来越觉得两人的频率很合——都热衷玩乐同时抱有文艺情怀。

3年后，在方励的介绍下，两人终于搭上了线。在电影《后会无期》里，陈柏霖在里面化身"读万卷书、行三里路"、"吃面包抹辣椒酱"的地理老师江河：长头发，胡子拉碴，邋遢毛衣，厚镜片。

这是爱玩的韩寒对陈柏霖的塑造，而会玩的陈柏霖最终也没有辜负他：为了演好"随地大小便"，他主动跟韩寒请教怎样才能让"水花儿"溅得更远。

虽然仍然是文艺范儿，但"江河"完全颠覆了陈柏霖给观众留下的文艺小生印象。"我其实想用《后会无期》来告别青春，来告诉大家，我陈柏霖其实什么都能演。"他说。

在方励看来，"文艺"不是某种精致的形象，不是无病呻吟和哗众取宠，也不是某种特立独行的标榜——大多数时候，这种自称特立独行的人反而是最大众和脸谱化的。

"他们都比较性情，有自己的心愿，有自己的浪漫情绪，你之所以能浪漫就是不追世俗，世俗压力下你怎么浪漫呢？你是松的，对世界充满好奇心，然后随自己的心愿情绪去流淌，就是文艺。"方励说。

有着这样的心态，陈柏霖很少去挑题材、类型，也不管是否小众、卖座，演得开心、松弛、不压抑，才是他这种讲究过程的"玩咖"的演员要义。

这差不多也是他的现实本性。高华阳记得，有一次休息，几个人偷偷跑去看电影。电影院里，前排有人打电话，大家都很烦躁，但还没来得及反应，陈柏霖就突然喊了一句："请安静一点！"

"明星一般都会有很多顾虑，"高华阳说，"但这家伙真狭义。"

‖ "不是很窄的人"

如果说"玩"是陈柏霖日常工作和生活中自我设置的一种"运行"状态，那让他长期维持这种状态的内在动力，是他对这个世界的强烈好奇。

他兴趣广泛得让人吃惊。读书、演戏、写歌、做菜、篮球，这些已经众所周知——他曾说如果不是做演员，可能会做画家或小说家——可能很少有人知道，他还会设计衣服，并热衷收藏锅和帽子，家里的锅多到摆不开。

拍摄《后会无期》那段时间，每天一收工，高华阳就会到处

"乱窜"。他发现陈柏霖经常一个人窝在屋里看电影，"跟做功课似的"。

"'你相信有外星人吗？'就像你问一只跳蚤，它相信会有大象吗？它没有答案，就像人生一样。"陈柏霖还自称"科幻考证份子"，时刻关注着NASA（美国国家航空航天局）的最新发现。

这些爱好就像他感知世界的触角，也像外界通往他的无数扇大门。当然，这也可能来自于某种自我期许的外化：他希望别人记住自己的不仅仅是一张脸。

20岁的时候，他就告诉自己"长大不要做花瓶"。因为觉得自己不够聪明，他开始拼命看书、看电影，像进行光合作用一样努力吸收养分。

"我觉得不能永远是男孩，要让自己更好，必须多读一些书、多看一些电影、多学几门语言，才能去认识这个世界，才能跟更厉害的人有话题沟通。我会想，假如今天我遇到李安、昆汀或者伍迪·艾伦怎么办？不能丢脸啊，要有足够的知识与筹码和人家对话才行。"陈柏霖说。

靠着自我激励，他把自己"玩"成了语言达人：去香港和日本发展时学会了粤语和日语；拍摄《坏蛋必须死》时，他苦练韩语，几周内背下了80%都是韩语的台词；此外，他的英语也不错，拍摄《我们相爱吧》时，他和宋智孝私下多用韩语和英语直接对话。

在众多事物中，高华阳只碰到一个陈柏霖不那么感兴趣的——车。韩寒、高华阳和冯绍峰都是头号车迷，说起来就滔滔不绝，陈柏霖就坐在旁边配合着笑，跟群众演员一样。

直到有一次，陈柏霖突然问高华阳，自己应该怎样才能做出一些特技动作，比如甩尾和漂移。"可问题是他连车都不会开啊！"高华阳现在还觉得有趣，"他纯粹就是因为好奇，要不是对世界有这么强的好奇心和探索心，他怎么能在自己的一个小空间里边，一待待那么长时间呢，不然他该闷死了啊。"

世界上的新鲜事物对陈柏霖而言有一种难以抵抗的引力，遇到挑战，兴奋往往会快于恐惧直达大脑回路，本能地让他前进而不是后退。

2010年，陈柏霖出演了一个为数不多的喜剧角色——《万万没想到》里的唐僧。"唐僧这个角色，影片中的设定是又贱又文艺，而且还得长得帅，原本我觉得这个角色，在全世界范围内只有我自己能演出这种感觉，但是后来韩寒给我推荐了陈柏霖，我一看，哟呵，这小哥还有两副面孔呢，文艺不必说，耍起贱来也是一套套的，那就是他了。"导演叫兽易小星回忆他为什么会选定陈柏霖。

这部电影里，陈柏霖留着光头，小肚鸡肠贪生怕死，絮絮叨叨没完没了，以前那个温润的公子哥——没了。他却自得其乐。这个人没什么圣地要保护，就像他收藏的那些锅一样，表演更像是为自己的人生收藏点儿什么。"我以前在《情癫大圣》里演过孙悟空，我想应该没有人演过孙悟空再来演唐僧吧？如果过个10年能再演个猪八戒、牛魔王也不错。"

他显然不喜欢被局限在角色中，更不喜欢被局限在娱乐圈里，"我当然是喜欢自由，而不是画壁自限"。方励称他不是一个"很窄的人"，有"国际视野"。相差30岁的两人经常聊国际政治，IS、伊拉克战争、难民危机、叙利亚……

"能和我聊这些的演员不多。"方励说。

电影《后会无期》剧照。

‖ "永远不要先加盐"

接受《博客天下》采访这天，陈柏霖没有吃午饭。征求了一下意见后，他一边回答问题一边自顾自地吃下了两盘子的食物。

能和陈柏霖谈到一起的人，都要先和他的胃"谈"到一块儿去。这似乎成了一个规矩。

"我觉得拍电影原本就是一连串随机产生的产物。如果硬要说有什么标准，可能是大家可以坐下来吃一顿饭，彼此还不会想要逃走。如果一顿饭都吃得不开心，那要怎么跟那个人相处一部戏呢？"他说，"我是一个对食物非常讲究的人。"

坐在旁边的陈哲艺，曾是陈柏霖的一个饭伴。拍摄《再见，在也不见》期间，剧组人员经常半夜收工后去吃辣螃蟹和生鱼片，在一大桌子的海鲜里，刚认识陈柏霖不久的陈哲艺头一次觉得，"这个人这么好玩儿"。

　　"很多时候你跟一个人吃东西，就大概知道他是一个什么样的人。"陈哲艺说，"有些人你会感觉，他在私底下还是有一种防御感，很难以真性格跟你相处。"有一次陈哲艺跟几位明星吃饭，同桌的一个人一顿饭只吃了一块水果，吓了他一跳。

　　但陈柏霖不一样。制片人黄文鸿说，他是那种即使在很多人中间，只要碰到好吃的东西，也会一边大快朵颐一边说"好吃好吃"的人。别人问他还要不要啊，他一定说：要。"柏霖是个非常表里如一的人，你采访时他什么样，他平时就什么样。"黄文鸿对《博客天下》说。

　　电影制片人方励管这叫"不太装"，"有什么值得装的呢？装叫智商不够"。他说每次见面，都选择在馆子里畅意抒情。如果是方励请客，首选韩国料理，如果是去东京或台北，就一定听陈柏霖的建议。这种信任从没出过错。至今，那家东京面馆的咖喱乌冬还让方励大呼过瘾。

　　陈柏霖特别能吃辣，"什么都可以辣"。吃四川火锅，别人要中辣，陈柏霖一定点特辣，方励这个四川人都吃不过他。

　　老饕客聚在一起，少不了聊厨艺，几个人都是那种一听配菜就知道对方有几把刷子的好手。陈柏霖爱吃韩式烤肉，每次去饭馆，他都会专门要一碟香油和芝麻，跟盐、胡椒面调在一起做小料，给方励尝："老方，你看我这个味道你比那个好，比他那个更好。"

　　"确实好吃。"方励挺服的，"他这个吃法我是没有想到过的，就增加了那么一点东西，立刻就不一样。"

　　"他喜欢花精力。不讲究的人根本不过脑子，喜欢做饭的人往往都比较热爱生活，他会动脑子。"方励说，"你看他做饭，就知道他很精细。"

一次采访中，记者问陈柏霖，有什么烹饪秘籍可以分享？"永远不要先加盐，很多人做饭菜可能会太咸或太淡，所以做饭要细心。"

他可以为了做一顿完美的西冷牛排花上3个小时。"一大块牛肉，剥一层炒过的香菇，然后剥意大利火腿，之后剥一层所谓的皮。然后拿去烤，外面要烤焦，里面要烤半熟。所以在煎牛肉的时候非常关键……"

那天是圣诞节，他诗意地写上了"Christmas"，却因为耗时太久，晚上9点才吃上饭。

这道菜陈哲艺也做过，历练厨艺是他俩众多共同爱好中的一个。"我觉得会做菜的人，都会很清楚各种食材，谁跟谁是好朋友"，陈哲艺掰着手指头数，"比如说橘子配鸭、梅酱配鸭，但你不会拿薄荷配羊肉。""不会啊，"一旁的陈柏霖纠正他，"希腊的是啊。"

这个人群中话不多的男人，更喜欢听，然后在临门的气氛中射出关键一脚。他否认自己会讲笑话，"讲笑话就不幽默了，真正的幽默背后都是悲剧"。

‖ "走着走着就到了"

身处一向把经营和节奏视作制胜之途的娱乐圈，陈柏霖疏于规划的事业和颇为散漫的角色类型让他成了另类。他身上没有很多同行改变形象时的小心翼翼，反而乐见其成。

除了张士豪和李大仁这两个知名角色，他还在《大灌篮》里演过篮球教练，在《变身超人》里演过落魄的前"超人"，在葛优主演的

《气喘吁吁》里演过一个只有一句台词的喜欢摇滚乐的自闭症患者。还有一些作品，连片名你可能都没听说过，别说他的角色了。

但陈柏霖不在乎，他不追求每个角色或剧本都要尽善尽美，各花入各眼，希望的目标是"每年都有一部戏留下来"，哪怕评价是"大烂片"也没关系。

不过这并不意味着他对"名垂青史"心有排斥。"我是觉得这些东西都是附加而来的，记录这件事情并不是努力去追求后得到的，而是在努力之后自然产生的。我不会去看很远很远的事情，可是我会把握好每一个当下，你只要在每个当下都全力以赴，留下一些什么，其实结果应该也不会太差吧。"他曾这样文艺地表达自己的名利观，"就像爬山不用看山顶，看着自己的脚，走着走着就到顶了。"

方励知道这样可能吃亏，但从不劝什么，"那有什么关系，吃亏是福。因为他的目标不一样。他认朋友，认感觉，自己感觉爽就去了，哪个朋友一招呼，脑子一热就去了，管他呢，成败无所谓，他不去算计那么多"。

《后会无期》剧组找到陈柏霖的时候，他正在台北拍戏，方励在电话里说："这儿有一个戏，跟韩寒合作，是个公路片，几个人被迫离家，然后寻找命运新的归宿。"导演和剧情都合他的心思，几分钟以后，陈柏霖就答应了。

到北京初见韩寒，方励跟陈柏霖经纪人张力走到里屋谈档期合约和所有的待遇，5分钟就谈妥了，出来一看，陈柏霖和韩寒还在那里聊着《绝命毒师》"一见如故"呢。

"他什么都不管，更多的可能不是说我去演一个电影是一个多大的事，而是说这群人有意思，那我们就一块玩去。"方励说。

韩寒在微博讲过一件事："他（陈柏霖）说，有次走红毯，几个明星在争压轴，谁都不肯走，导致活动卡住。他看不下去自顾自先上了，因为在争夺往往代表谁都不配得到。"

陈柏霖对自己想要什么心知肚明——他似乎就没有特别想要的东西。面对"如果只能从家里拿走3样东西，你会选什么"的问题，他脱口而出：T恤、内裤、长裤。

问他：有没有一些特别的啊？长达数分钟的冥思苦想后他有点儿无奈："最珍贵的3个东西，我一个都没有。"

提醒他：比如充满回忆的东西？"充满回忆的东西绝对是在脑里，不会是用的。如果你还靠东西来回忆的话，那件事情也不太重要。"

但是，这样的陈柏霖还是会在某些时刻陷入往事。比如，他站在窗口看到家附近的高中生背着书包打打闹闹经过时，他会想：这样多好。他怀念那种"能拉一下同学裤子"的普通人的日子，没有人认识他，"我可以去那边好好排队，等一个鸡排，很好，也没有人会理你"。

他甚至怀念刚出道时的状态，"那时候没有那么多的电影，没有微博，网络还不够发达。想念一个人，发一封简讯，要六块新台币。来一趟北京，还要在香港转机……"

追赶速度并不是他的长项。他至今不会开车，喜欢走路，可以一个人走两个小时，这让他觉得自由。"我已经活在自由里了，我不用向往。"

在这个人人急奔的时代，他是那个运动会中不慌不忙的散步者，别人从他身边飞驰而过，他只顾看自己的风景。就像他为自己的工作室起名为"天下无敌"那样，"玩"才是他的风格。

4月14日，陈柏霖在instagram（一款分享图片的移动应用软件）上传了一张勇士队打破公牛队的纪录实现了73胜的图片。勇士是他最喜欢的球队，里面有他最喜欢的球员库里。因为工作，他没看那场直播，发型师Luck第一时间给他传了信息，俩人兴奋了很久。"太屌了！"陈柏霖感叹。

他喜欢打篮球，除了库里最喜欢的是乔丹。私底下，他跟Luck抱怨："还是以前的NBA（美国职业篮球职赛）球风好看，裁判吹得松，大家用生命在打球。"

他已经很久没有真正打一场篮球了。最近的一场，因为粉丝围观拍照半途而废。他记得，"国中"的时候，自己每天都早起跑步，跟朋友打球，骑自行车……"我其实很喜欢运动。"但最近几年，他几乎不再出门。

"如果有一天做回了普通人，最想做的事情，到一个随便的学校也好，公园也好，去打一场篮球。"他模仿《灌篮高手》里三井寿的口气，"真的，教练，我好想打篮球。"

陈柏霖和宋智孝在真人秀《我们相爱吧》中是一对CP。

（2016.5.6）

周杰：有心英雄汉，不慎表情包

昔日的英雄少年"尔康"因为自己的事业不顺和网民的解构而逐渐消解……周杰以话剧演员的身份重返公众视野。

文/张弘　图/尹夕远　编辑/卜昌炯　汤涌

周杰黑衣黑裤，再加一双黑鞋、一副墨镜，整个人都被黑色包裹着，只有脸上的口罩是白色的，盖着嘴和鼻孔。和大多数北京人一样，这一天他呼吸艰难。

2015年12月8日，周杰准时走进和《博客天下》记者事先约好的茶餐厅。由于空气污染严重，当天北京首次启动"红色预警"。

"我像这雾霾一样深深地爱着北京……"他在一条微博里写道。

就像他试图用口罩达成自己和雾霾的共存，周杰也试着接受"被黑"成为自己生活的一部分，这对他来说很难。

现实中的周杰是一个极爱干净的人。他的大学同学刘赫男告诉《博客天下》，去周杰家她通常会提前换一条干净的裤子，"他们家他穿白袜子，他的管家和保姆也要穿白袜子，不能穿鞋。"

周杰的朋友、北京匡时国际拍卖有限公司董事长董国强对此也印象深刻。"他家的沙发干净得你连坐都不好意思坐。他有一个试衣间，衣服从棉袄到毛衣到衬衫到T恤，简直按着季节挂在那儿，比商店还整齐。"董国强对《博客天下》说。

采访开始不久，周杰对何为"洁癖"和"干净"做起了演示，他对每个词似乎都有自己严格的理解体系。

"洁癖是，坐到这儿不能碰的，这个沙发也不能坐，有细菌，我要拿酒精擦擦。"周杰做出偏女性的腔调，捏着兰花指说。

"干净是，"突然，他端起手边的一杯柠檬玫瑰茶，往桌上倒了大半杯，双手在一摊水里揉搓，"这水洒了，不行，我要把它擦干净、吸干。"

说完，他连抽了好几张纸巾吸水。

▥ 两个周杰

很少有人能把周杰和尔康区分开来。

大清国驸马尔康在18年前是少女们眼中的白马王子，是皇上、父亲和老师都喜欢的优秀青年。在《还珠格格》第一部里，他是唯一成熟而稳重的男性角色。和他相比，皇阿玛反而是一个翻脸不认账、容易轻信谗言的渣男形象。

这位准驸马是标准的优等生，又比皇子五阿哥经历了更多风雨——琼瑶阿姨也对尔康特别偏爱，在"萧剑"出现之前，没有第二个男角分尔康的宠爱。

尔康曾经有自己的庞大粉丝群，但最近几年，周杰扮演的尔康从昔日的完美形象迅速变成了网络表情包，被网民拿出来开玩笑。

也正是在逐步变成表情包的这几年，国家话剧院演员周杰受困于各种负面新闻，如开车肇事、殴打保安等。最近他再一次回到公众视野，是因为出演话剧《北京法源寺》。

这部改编自李敖同名小说的话剧，由田沁鑫执导，讲的是戊戌变法的故事，周杰饰演光绪帝。尽管没有人能证实清宫戏可以给周杰带来好运，但《还珠格格》三部曲的几年，确实是周杰最红的几年。

田沁鑫说周杰很有佛缘，经常去庙里走动，还把两个佛像供在法源寺，这是她邀请周杰出演的原因之一。"他跟庙里很多的和尚关系很好，他老说他要出家，觉得出家特别好，说出来挺让人心疼的。"田沁鑫在此前的一次访谈中说，"他就像一个透明人，没穿衣服站在社会上。"

田沁鑫有意想帮助周杰，这已是他们第二次合作。作为国家话剧院的同事，两人2012年曾一起排演过话剧《四世同堂》，周杰在其中演一个说书人。那是周杰14年后第一次登上话剧舞台，给田沁鑫留下了"台风稳健，是好舞台剧演员"的印象。

这一次，她对周杰的表演再次予以肯定。"我的一个朋友，看完《北京法源寺》说，他没有想到周杰能演这么好，因为周杰是偶像剧起家的。看完之后，完全颠覆了对周杰的印象，没想到周杰这么干净、这么清澈在舞台上。"田沁鑫告诉《博客天下》。

最近几年，周杰的演艺之路放缓了很多。2011年至今，他只参演了3部话剧、1部电影。更多时候，他以艺术品收藏家、工作室老板、影视剧投资人及某农产品主人的身份示人。

至少10年前，周杰就开始接触艺术收藏，他对古籍、国画、油画等颇有兴趣。董国强说，周杰的收藏主要是在画廊，"他买了几个年轻艺术家的东西，那个时候还挺便宜，现在很贵了。"

他名下有两家影视公司和一个工作室，主要做影视剧投资、制作等业务。股票、基金等证券类投资他也有涉猎。此外，他还创建了"周先生"农产品品牌，在东北拥有200亩大米基地，种植高端有机稻米。因此，有媒体称他是"隐形富豪"。

昔日给周杰带来荣耀的尔康如今接近于负资产，他因为出演《北京法源寺》频频接受媒体采访，但几乎每个人都会问到"尔康表情包"的问题。

"已经回答了20多次了，实在没有创新的回答了。这就是一个猎奇，很奇怪的一件事，谁用都无所谓，跟我有啥关系呢？"周杰对《博客天下》说，"你们用不用都随便，只要不违法，但总来问我，就是一件挺麻烦的事。"

在媒体业眼中，不写尔康的表情包，周杰的报道未必能有访问量。

刘赫男眼里，老同学周杰变化很大。"以前他是一个急脾气的人，处理问题时，爱走极端、较真，现在不会了，一笑置之，能够坦然面对。"刘赫男说，"我跟他说过：你长大了。"

"有时候我觉得自己是一条孤独的狗，独自地走在冰冷的湖面，我渴望温暖却又害怕融化后自己游不到彼岸……"周杰发在微博的这句话，堪称他一时心境的写照。

⫶ 曾像吴亦凡一样火

1970年，周杰出生在陕西西安的一个工薪家庭，父母没时间带他，他在3岁时就跟奶奶去了上海生活。4岁回西安上幼儿园，由于"不知道怎么跟小朋友们玩"，他就偷偷溜回家，父母知道后，把他锁在家里，关一整天，他只能偶尔通过门缝跟自己的邻居说上几句话。就这样他在家里被关了3年，一直到7岁上小学。

"任何事情都是有好有坏的，可能在那个时候我就锻炼了独立思考的能力，因为没事可以经常坐门口想事情，坏处就是会有封闭的一面。"周杰说。

十六七岁时，他被《新闻联播》里的播音员吸引，自觉跟着学普通话、读新闻。他本想报考北京广播学院（现中国传媒大学）播音系，却因广院到学校招生时他还没有高中毕业而错过。

后来，他报考北京电影学院。当年和他一起在西安考区参加考试的新疆考生朗辰向《博客天下》回忆："他形象太好了，表现得也很好，一看就是受过训练的，性格也外向，在现场比较自信。"但因年龄和经验的缘故，周杰没考上，朗辰考上了。

1989年，周杰再考，同时被北京电影学院和上海戏剧学院录取，他选择了上戏。刘赫男记得周杰给她的第一印象就是一个很讲究的人："他穿了一件黑色的、长长的风衣，头发打理得很漂亮，穿一个黑靴子。喜欢黑色，我觉得他。灿烂的笑容，挺可爱的。那个时候他能把自己打扮成那个样子，挺少见的。"

如此装扮的周杰时常被人看到在排练厅背台词，而他的同学这时多半在操场打球。"他特别认真。"刘赫男说。也许是这个原因，他的大学老师何雁称周杰会让人觉得有点"不合群"。

有一次放假回来，老师问学生作业完成没有，班里二十几个人没人吭声。这时，周杰举手，当着全班人说他完成了。他真的完成了，但他这样的行为在同学那里并不讨喜。

何雁记得当时的周杰就很较真。有一次，同学分成两派，就一个艺术问题争执不休，周杰是其中吵得比较认真的。"那是全身心地投入，他们会为一个艺术理念的事，在那儿掰很长时间。现在这样的学生特别少了。"何雁对《博客天下》说，"他不是那种你让他怎么做、他就怎么做的人，所以有的时候在别人看来事儿会比较多。因为这个东西他是有思考的，要是没有思考就没啥事了。"他认为这样的演员应该得到鼓励。

周杰在大学一年级暑假时就开始在电视剧里出现，此外还在校外拍广告、配音。何雁说周杰属于广告公司的人翻照片时"到那儿就停"的学生。大三那年，周杰出演了人生第一部电影——关锦鹏的《阮玲玉》，在里面客串一个小角色，主演是张曼玉、梁家辉、秦汉等人。对于一名尚未毕业的学生来说，这是一件很值得兴奋的事。

1993年，周杰大学毕业，因出演毕业大戏中的男一号而得以进入当时"最好的去处"——中央实验话剧院（现为国家话剧院）。在话剧院，周杰参演了林兆华的《浮士德》、孟京辉的《思凡》等剧。

4年后，他凭借《还珠格格》里的福尔康一角大火，随后连演了三部《还珠格格》。1999年，他又接拍了《少年包青天》里包拯一角。

《还珠格格》创造了各种收视纪录，是每年寒暑假各大卫视的常客，能够与之匹敌的只有《西游记》。《少年包青天》播出后也是当年的"全国电视剧收视冠军"。这两部戏在走红的同时，也捧红了众多演员。如今，他们中有不少已成了国内一线艺人，有的还被加上了"国际"的前缀。

专栏作家黄佟佟曾在1999年探班《少年包青天》，采访周杰。当时，她和一群记者在现场等了很久，周杰终于出现了，穿一件绿色军大衣，将年轻的女记者引出片场，把同剧组的陈道明和李冰冰晾在一边。一走出门，他一手拥一个，"来来来，我们到一边去谈心……"

黄佟佟告诉《博客天下》，记者都是冲着周杰去的，那时他是"当红明星，一切皆在我掌握的特别红的状态"。

"那时，他如日中天，丝毫不逊色于今天的'李柏凡'（李易峰、井柏然、吴亦凡）。"黄佟佟在专栏文章里写道。

▓ 被"黑出翔"

20世纪90年代末的中国，互联网尚未兴起，人们对明星的认知，主要通过电视和电影。由于传播渠道还局限于传统的报纸、杂志，明星新闻也大都在可控的范围内。

随后，新鲜的互联网消费文化扑面而来，人们对娱乐圈的态度，也因传播方式的更迭和话语权的转移，渐渐由"远观"改为"窥私"，由"崇拜"改为"消遣"。

周杰走红时已经27岁，正是一个应该在娱乐圈迅速攻城略地、进军大电影演男一号的年纪，但他恰好赶上了新生的互联网对中国娱乐文化的改造。和他一起沦陷的还有足球运动员李毅等人。他被逐渐固化为一个傲慢自大、不善于与人相处的演员，最终这种指责直奔人身，成了"鼻孔"梗。

集中的一次攻击发生在2010年。当年，小虎队重组上春晚，有网友挖出陈志朋2005年自传《有志者，朋》的段落，指责周杰拍摄《还珠格格》时欺负苏有朋和陈志朋等演员。与此同时，2004年林心如做客《康熙来了》时爆料"尔康"跟她拍吻戏时爱伸舌头的新闻也被翻了出来。事情随着当事人的出面证实或反击，而越闹越大。围观的网友们趁机把周杰N大"丑闻"又重新梳理、更新了一番。

而就在此前一年，因为一起车祸事件，周杰被冠名"周逃逃"。2009年6月2日凌晨，周杰驾驶的奔驰车与出租车相撞，出租车内3人受伤，警方到事故现场时，周杰已经离开。最初他跟往常一样，拒绝接受媒体采访，直到舆论愈演愈烈，"伤者痛斥周杰不帮忙""伤者委屈几欲轻生"等新闻充斥网络时，他才在博客上写了《到底谁是弱势群体》一文予以回应，称自己并没有立刻离开，怕被围观，走到旁边报了警，而他自己也被气囊打得晕头转向，"肋骨被方向盘撞得肿起"，在现场待了十多分钟后才离开的，并感叹伤者是"如此有心计的弱势群体啊"。

再之前一年，2008年，台湾一档综艺节目里，有娱乐记者爆料，周杰是因为参演《少年包青天》时得罪陈道明遭封杀才红不了的。周杰告诉《博客天下》，他听到这个新闻时，正在日本滑雪，当时，陈道明还给他打电话解释，跟他说："你回来以后接受采访，跟他们说我要封杀谁的话第一个先封杀媒体。"周杰称这是一件莫须有的事，他跟陈道明一直是师徒关系。

连续3年负面新闻缠身，那是周杰出道以来遭遇的最严重的事业冲击和人生低谷。虽然早前就有媒体总结了周杰"六大罪状"：追讨片酬聚众打人、拍戏不尊重同事、擅改剧本要挟罢拍、怒掷剧本导演遭殃、迟到、恃势凌人刁难记者，但都不如这些事让他焦头烂额、心灰意冷。

特别是2009年的车祸事件，被冠名"周逃逃"一个多月后，周杰称自己一度想到轻生："老实说我想过自杀，可能你们觉得可笑，可能你们觉得为这么一点事情你自杀了，太不值得了。但是从我内心角度来讲，我无数次站到窗前，想到过我要掉下去是什么样。我不怕丢人，不怕难看，我真诚地说。为什么呢？我想我死了，没有几个人会哭的，但是我死了就平了大家心里的愤恨了，大家对名人的愤恨，对我的愤恨。"他说自己"性格有缺陷"，遇事总喜欢忍着，不愿解释，不适合娱乐圈。

其实，周杰对每件事都有自己的辩护和解释，只是他的语言和措辞往往因为情绪化而把自己陷入更加不利的局面。他还没学会如何在互联网时代为自己公关。

专栏作家、娱评人韩松落认为周杰这种强硬的态度，容易让公众对他的看法形成惯性，不管他做什么，都以这一套固定的性格逻辑去塑造他。韩松落举了一个例子，有段时间，章子怡经常被曝怒斥媒体，接下来的两三年，经常能看到章子怡怒斥这、怒喝那的新闻。

他引用林奕华分析香港娱乐圈的一句话，来解释公众爱消费明星负面新闻的原因：普通人会喜欢看你跃上枝头，因为你替他们出了一口气，但是当你真正跃上枝头之后，大家又喜欢看你跌落凡尘。

"一个明星承载着老百姓的期望。"韩松落对《博客天下》说，"我觉得演员形象就像多米诺骨牌，推倒了第一块就会有第二块，没有及时制止，就会接连不断出现这样的情况，形成形象惯性。"

⫼ 这不是争辩，这是教化

15年来，周杰陆续出演了不少电视剧，然而塑造的角色都没有超越尔康和包拯，缺乏有力的角色某种程度上让他被黑这事变得雪上加霜。

还珠剧组是个星组，一起走红的赵薇、林心如、范冰冰、苏有朋等演员，也常常被拉来当作他的比照对象。有网友称这些人中周杰"演技最好，混得最差"，主要是因为"性格火暴、人品差"。

韩松落认为，公众习惯把周杰跟《还珠格格》的演员放在一起比较，是因为把他们当成一个明星团体"还珠帮"来看待，并对他们有一种奇怪的期望——像作品里一样重情义。"在和还珠帮的比较和微妙博弈中，周杰落了下风。"

"互联网是可以去建造，也可以去消解的。"韩松落说，周杰身上的"丑闻"在很多明星身上都发生过，要想从群嘲变为群赞是不难的事，章子怡凭借《一代宗师》里宫二一角，走出人生低谷；周杰的同学"雪姨"王琳，她在网友的恶搞中，主动录了一个敲门的视频，"大家就觉得，哇，你是配合我们娱乐的。"

不过周杰显然不愿迎合。微博兴起后，他把那里当作了自己的一个言论平台。看到一些攻击自己的言论，他还是会站出来较真。仍然像课堂上那个举起手臂告诉老师自己做完了作业的少年。

2015年9月，周杰被传出欠巨额赌债跑路的消息。朗辰说他当时就笑了："周杰多少年没去澳门了，而且他什么时候打过牌啊？八竿子打不着，就像你突然告诉我周杰是个变性人一样，太离谱。"可能周杰自己也觉得太无厘头，一直都没有回应。"如果你太在意别人的看法，那么你的生活将变成一件裤衩。别人放什么屁，你都得接着……"他在微博上写道。

12月18日，网上流传一则"网红心机帝周杰的现任女友新鲜出炉，据说是满族镶黄旗……为了力挺女友新戏周杰顶着压力直面媒体站台"的消息。周杰再次在微博上发声："你们这么恶意地炒作不恶心么？我都要吐了。拿我的真诚当无知？送你们三个字BYL（不要脸）。"

"我曾经写过一篇文章，说我们这个社会从来没变过，低级就是低级的，世俗就是世俗的，而高贵的那些人还是高贵的。"周杰说，"我小的时候就看到有的孩子，他的父母在院子里或者说公共的地方，抱着小孩拉屎。这是现在都存在的事情，几十年过去了都没变过。还有的小孩子干什么呢，过年拿炮仗插到屎上，一点'啪'一炸，周围的人怕溅到身上都跑了。大家就哄笑。恶不恶心呢？这就是我们新闻，博眼球，但是不顾后果。"

这几段文字当中，周杰用屁、性和屎来回击网络世界。

微博成了周杰表达个人心绪的唯一出口。平时，除了发布一些日常生活动态和个人感悟，他还会写一些看起来有所指的句子，比如这条："我们都曾轻浮地评判别人，以自己的智慧和经验，其实我们是瞎的……我们都曾随意地谈论历史，以自己的见解和头脑，其实我们见识少……我们都曾任性地伤害别人，以自己的邪魔和虚弱，其实我们太渺小……"

他将自己的言论称为"教化"而非"争辩"。谈及负面新闻，他认为与其说是对他造成了影响，不如说是对大众造成了影响，"它传递的不是真善美"。

周杰说自己35岁之前，还挺爱说话、挺爱跟同学交流的，但这10年来不太爱说话了，正常待在家里，可能一天说不到一百句话，"包括在朋友聚会上，我也是喜欢听别人说，不去掺和意见"。

‖‖‖ "要管好自己"

生活中的周杰热爱阅读、旅行、收藏。他自称如果不做演员，可能会是一位作家，或者像Discovery（探索频道）里的摄影记者，拍全世界，用图片说话。

因为信佛，周杰保持了10年出家人才有的"过午不食"的习惯。他的书房挂着一幅一个僧人15年前写给他的字画，上书：学佛方为绝顶人。他的人生信条是：要管好自己。他觉得"管好了自己，你就是佛"。

他热衷于谈论宏观，爱用大词和全称判断，保持着对媒体的一贯戒备。

聊到负面话题，他会瞪大眼睛、提高语调，间或用手重重地敲打桌面；提及演戏和佛，他可以瞬间心平气和、面露笑容、佛语连篇："世界太大，我们太渺小。我越活越觉得自己渺小，越活越觉得自己什么都不是，就是尘埃。真诚地说，越来越觉得自己不会演戏，不知道该怎么演，觉得自己浅薄了。"

他说自己演戏从来都是三方面的因素：生存之道；老天赐予的天赋不能浪费；人生的追求，即传递真善美的价值观。近3个小时的采访中，他27次提到"真善美"。他表示，自己不会去扮演负面角色。"我不想传播负面，因为我会把负面演得很好，人家会信，会觉得这坏人也挺好的。坏人这样贪财、忘恩负义，也能得势啊？"

2011年后，作为演员的他，只在去年接拍过一部影视剧——王择谚导演的电影《零点杀机》。对方是通过微博私信联系上他的。周杰开始予以拒绝，王择谚坚持跟他私信了3个月，最后周杰看了剧本，才答应了下来。

周杰的一条微博解释了他参演《零点杀机》的原因："一个人他出身贫寒，身处偏远，甚至说不好普通的语言，但他依然有梦，执着实现，几次越过死亡线，这样的人我无法拒绝，无法不放弃底线，因为我想成全，至少我还有机会，他却不一定能够到达彼岸……每个人都有梦想，但不是每个人的梦想都可以实现。"他说的这个人是王择谚。

王择谚告诉《博客天下》，原本是悬疑、伦理、传播正面的影片，却被宣传方定位为灵异鬼片，豆瓣评分4.4。周杰看到制作出来的海报后，跟他说："我们片子里没有鬼，你的营销不对，到时候想看鬼片的人看不到，会骂你，正儿八经想看我们电影的人又会被吓跑。"

跟周杰合作过的演员，大都会谈到他的认真。王择谚提及《零点杀机》里的一场戏，周杰站在剧中妻子的墓碑前，开机前，他就做好了沉重的表情，中途摄影师换景，他仍然保持着戏里人物角色的神态表情。

出于认真，周杰对人、对己要求都很高。演员刘芸接受采访时回忆，当年她跟周杰合作时，有一场被掐死的戏，周杰注意到她脖子上的化妆是一条红线，就跟导演提出，这种痕迹说明她是被绳子勒死的，而不是被掐死的，妆得重新化。

认真有时并非好事，容易被理解成偏执、一根筋。"要说周杰有不是，就是他不知道容让人"，李冰冰在一次采访中坦言，她跟周杰在演戏上有过争辩，"这是他的缺点，同时也是他的长处，不争出个子丑寅卯，他绝不会善罢甘休。但是如果事实证明他是错的，他嘴上也许不肯认输，但心里还是蛮服气的。"

田沁鑫告诉《博客天下》，有时候朋友开玩笑，有人会聊起林心如说的"舌吻"一事，"我们下面分析，那个很像周杰，因为一开机，他想的是真实的。他现在演戏都很真实，其实这是很好的，却被周遭说成不好的。"

田沁鑫记得周杰跟她讲过一件事。那是日本演员高仓健去世后，周杰去日本参拜他的墓地。他多方打听，却因私人讯息不可泄露而被拒绝，只好自行搜索。最后开车载他去的朋友都要放弃了，他还在坚持，直至真的找到高仓健的墓。

周杰在微博上也讲过这件事。说那是一块"涉61个区域三万两千多块墓地"的庞大墓区，他只能"一路默念阿弥陀佛一路寻找"。

找到后，周杰为高仓健上了一炷香，留了一串念珠，转身离开。

周杰在话剧《北京法源寺》中扮演光绪。

　　45岁的周杰有很多身份，他是艺术品收藏者、影视剧公司老板，也是某农产品品牌的主人。

（栾慧、韩讷对本文亦有贡献）

（2016.1.1）

秦昊：圈里圈外

秦昊和娱乐圈保持的安全距离被与伊能静的恋情打破。他决定适应这一切，并再次为自己的选择买单。

本刊记者/陈雨　图/尹夕远

娄烨为电影《推拿》做后期时，接到了秦昊打来的电话。他的"御用男主角"在那一头说，见个面吧，我"来了你就知道了"。当晚，秦昊和女朋友一起出现在工作室，还带着专门煲的汤，几个人一直聊到第二天凌晨三四点钟。散了以后，娄烨跟秦昊说，这次找对了，挺好。

娄烨是秦昊朋友中第一个知道这件事的人。几个月后的柏林电影节，秦昊与大他10岁的伊能静十指相扣，出现在《推拿》的首映红毯上，恋情公布。这一次，他听到了10年国际电影节经历中最密集的快门声。

"好歹现在大家都知道我们拍了哪部电影了。"在电影节后的一次采访中，因恋情而非电影登上娱乐头条的秦昊这样对记者说。

秦昊拍了10年电影。他是《青红》里戴"蛤蟆镜"、穿喇叭裤的小镇青年，是《春风沉醉的夜晚》里混不吝的孤傲同性恋，是《日照重庆》里的80后夜店舞者，是《浮城谜事》里的出轨丈夫，是《推拿》里的盲人按摩师……

这些电影都出自"第六代导演"之手，成本小，文艺味浓，受到国际电影节和海外片商的青睐，却在国内公映路上遭遇重重困难。就像这些电影，以及他在其中塑造的边缘人物一样，秦昊始终和娱乐圈若即若离。

他的第一部电影、王小帅导演的《青红》制作完成后，制片方邀请秦昊在中央戏剧学院的同班同学刘烨、秦海璐、胡静看片。

彼时，刘烨已经是台湾地区金马奖和中国电影金鸡奖的最佳男主角，秦海璐也凭毕业当年拍摄的《榴莲飘飘》获得了金马奖和香港电影金紫荆奖的最佳女主角。

在看片现场遇见秦昊，几个老同学都吓了一跳。"你在这儿干吗？""我在里面演啊。"秦昊哭笑不得。"你不是去美国了吗？""谁说我去美国了……""他们都说你不干这个了。"

"都以为我离开这个圈子了。"秦昊向《博客天下》回忆起当时的情景，忍不住笑了。

▥ 秦先生

和伊能静相恋之后，秦昊接到过一个他"见过最烂的剧本"，但给钱不是一般的多，有"几十个小帅（电影）的片酬"。

烂本面前，他仍然犹豫了。"现在不是一个人，你要想很多以后的生活，这钱真的是拒绝不了。"秦昊对《博客天下》说。

他曾和母亲一起憧憬过自己的未来——跟一个姑娘结婚，一起拼命赚钱，买很多很多房子，开跑车，晚上一定要去Party（派对）玩。现实又纨绔。

然而遇见伊能静，设想被一一推翻。他们晚上尽量不安排应酬，一起吃饭，每天散步，走到很远。在台北时，两人会逛逛诚品，买两本书回家，第二天又去。前一阵看完斯嘉丽·约翰逊主演的科幻片Lucy（《超体》），他们决定找找好看的科幻类小说和漫画。伊能静觉得漫画买起来太贵，专门带秦昊去了24小时营业的店里租，身边都是放学的高中生。

"你是不是在想，这两人是怎么凑到一块儿的？"秦昊突然问《博客天下》，"其实对我来说，也是完全不搭界的，工作上从没遇见过她，但我觉得就是一个世界的人。"

伊能静提到过一张CD，希腊诗人、泰斗级导演西奥·安哲罗普洛斯的电影原声带，她找了很久，最终在秦昊那里找到。秦昊也觉得有意思，安哲罗普洛斯的电影，现在谁去关注，结果一提，他还都知道。

伊能静喜欢娄烨的电影，秦昊在《春风沉醉的夜晚》中饰演"同志"，让她一度信以为真，并在认识秦昊之初的聊天中少了一份戒心。"她对长相、品位要求都不低，不想将就，喜欢的人光帅不行，还得能跟她聊天，对音乐、绘画有兴趣。"伊能静的好友、编剧宁财神曾经分析过她的择偶标准，"秦昊是文艺片男主角，唱歌也好，长得也帅，确实符合伊能静对伴侣的要求。"

伊能静称呼秦昊为"秦先生"，似乎暗示着一种对修为、品位和志趣的肯定。但秦昊带给她的远不止于此。

二人的交往始于2013年的一场慈善晚宴。伊能静被人群包围，轮番合影，难以脱身，秦昊正好在一旁抽烟，看着这个衣着光鲜的女明星尴尬的样子，二话不说直接将她拉到了无人的休息区沙发上，只是想"解围一下"。

伊能静与庾澄庆的上一段恋情，因为双方的艺人身份不得不隐瞒了14年。但秦昊不同，早早带着她见了自己的朋友和家人。

过年时，伊能静和秦昊一起回到他在沈阳的老家，和庞大的家族打了招呼。离开沈阳的前一晚，秦昊的妈妈跟伊能静聊了4个小时。"像我父母都在，大家一起吃饭，还有我拍戏的时候他们打电话过来，很正常的这种家庭生活，她都没有经历过。"秦昊告诉《博客天下》，"她以前碰到什么事情，撞到头破血流也靠自己一个人。现在她会觉得，有一个人会跟你一起商量，跟你说别这样做，在为你好。"

伊能静在自己的长微博中，将秦昊的特点总结为"强大""自由自在" "'我谁也不伺候'的状态"。

就像一度仅凭自己的喜好选择那些并不能在短时间内让个人名气蹿升的小众文艺片，秦昊也逐渐瓦解着伊能静身上那种娱乐圈中人对待感情的固有模式。

"你也知道，我之前很少露面，我就拍我的电影，过我的日子，我过得特别高兴。"秦昊说，"她有时候会碰到很多压力，不管是工作还是生活。我会跟她说，你觉得我们这样过日子快乐，还是工作快乐？她说过日子快乐，我说那你把工作上，人家说这个说那个，看得那么重干吗呢？"

2014年7月14日，秦昊在土耳其求婚，伊能静事先并不知情。她被"骗"到了一家很贵的海边餐厅，说是有采访要做，之后上楼吃饭。而等在楼上的，是手捧花束的秦昊和摆成心形的玫瑰蜡烛。

"不是因为我浪漫，而是和她交往时，她跟我说自己没有被求过婚。我觉得爱一个人，就会想让她实现所有美好的愿望。"秦昊说。

那个让秦昊矛盾不已的剧本最后被伊能静要走，她看了看，跟秦昊说，别接了，说真的，我真舍不得，让你为了这笔钱拍这样的东西。

▥ 文艺男

秦昊笑称在新片《闯入者》中受了导演王小帅的欺负。

这是两人的第四次合作，秦昊的角色是一个想要跟母亲出柜的同性恋儿子。"我把我要的感觉说给他，无论神色还是体态他都能相对精确的拿捏，也不会太过。"王小帅告诉《博客天下》，"这次在一些细节的处理上，他总有一些异于常人但又不太会被注意到的细微动作，如用兰花指将头发捋到耳后，或背包时自然用手肘夹紧的扭捏态。"

但本来说好10天拍完的戏，还是拖拖拉拉拍了一个月。"因为我好说话。反正他的片子，我也都不计较超时超期之类的了。"秦昊对《博客天下》说。

王小帅始终是秦昊最感激的人，他在最合适的时机完成了对秦昊的电影启蒙。

2000年从中央戏剧学院毕业，同班同学各显神通，最顺利的是章子怡，凭借《我的父亲母亲》《卧虎藏龙》走上了国际影坛。

而秦昊在等待，第一年推掉了8部戏，第二年推掉3部，都不是自己想要的。他一门心思期盼和"张艺谋、陈凯歌这种大导演"合作。

秦昊曾是大名鼎鼎的中戏表演系96级本科班中最优秀的一个，人送绰号"秦艺谋"。成绩好，段子多，期末要求交8个段子，其中6个都是他的。

秦昊说自己有一种盲目的自信——考中戏就是为了做像姜文一样的演员，毕业后就是至少要拍《我的父亲母亲》《蓝宇》这样的电影。"电视剧我想演的时候就能演，但是我要等的那个东西，是需要我去坚持的，这就是那时的追求。"然而一等就是三四年。

到第三年时，很少再有剧本找到秦昊，偶尔接到负责选角的副导演的电话，也在小心翼翼地问，你还拍戏吗？

10年前的《快乐大本营》找过秦昊，上一期节目组给三五千块，但相比这种可以露脸的综艺节目，秦昊宁愿选择报纸上一小块一小块的打工信息。

"我上了中戏四年，我要成为一个好的演员。但那个（综艺节目）不是我的舞台，我不能把我学到的东西放到那上面去。"秦昊说，"如果要生活的话，我宁愿去打工，单纯的糊口，因为那不是我学的东西，我心里是可以接受的。我把表演这个东西想得太神圣了。"

秦昊考虑过转行，直到王小帅的名字突然介入他的生活。

第一次见面是在夜店，朋友拉住秦昊介绍说，"这是大导演王小帅"，"你好，我看过你的戏。"秦昊打完招呼就消失在了人群中。

四个月后，《青红》的执行导演打电话叫他过去，王小帅把化妆师、服装师等叫到一起介绍给了秦昊，他就这样还没见到剧本就进了组。

王小帅后来告诉秦昊，他看中的就是那种一会儿出现打个招呼，一会儿又消失的神秘感。"秦昊身上有某种飘摇不定的状态，以及年轻人玩世不恭的阴郁气质，让人有兴趣去一探所以。"王小帅向《博客天下》解释。而这种特质，像极了《青红》中的那个混来混去的，20世纪80年代青年技工李军。

在这个父母因支援三线建设离开上海，扎进贵州山区，却在用后半生努力回到故乡的故事中，回去与留下、压抑的年代与炽热的青春之间，产生不可调和的矛盾，最终酿下悲剧。

李军是这些第二代中的一个，抽烟、烫头、穿喇叭裤、戴贴着标签的蛤蟆镜，和一帮朋友在街上闲逛，自由恋爱。其中一场他在地下舞会学猫王跳舞，挑逗女学生小珍的戏，成为了《青红》凝重氛围中最轻松亮眼的一段，法国媒体甚至把这场戏与《低俗小说》中那段著名的"剪刀舞"片段相媲美。

秦昊拿到剧本后，自己搞定了这段舞。他想起以前合作过一个化妆师，和戏中人物生活的年代相仿，他把跟着化妆师学会的舞跳给了王小帅看，导演满意得不行，"太好了！就这么跳！"正式拍摄时，摄影师吴迪边拍边乐，还把女主角高圆圆叫到一旁，"圆圆过来，你看这傻×跳得真好玩"。

"他当时的学生气很浓。"王小帅说，"但珍贵的是，他还没有经过社会化作品的历练，更像一张有质地的白纸，很认真，学东西很快，很有潜力。"

《青红》让秦昊摒弃了舞台表演的夸张感，也将他第一次带到了戛纳电影节，获得最佳男主角的提名。他在戛纳海边偶遇老同学章子怡，媒体簇拥中的后者尖叫了起来。

此后秦昊在文艺片上一路精耕，他认定这是自己想要的。他没有经纪人，每年只拍一部戏，全凭自己喜好，他形容那段日子最快乐，最幸福。

王小帅和娄烨是对他最重要的导演，跟他们合作的最大快感在于，没有条条框框，一切自由发挥。

《浮城谜事》中有一场重头戏，郝蕾饰演的妻子和齐溪饰演的情人狭路相逢。虽然拍摄计划中并没有秦昊的戏份，娄烨还是要求他到场。二十多条拍完，娄烨不太满意，他突然对秦昊说，你进去。

秦昊毫无准备，蒙了，推门进去，郝蕾和齐溪也傻了，三人都不知道该干什么。郝蕾站起来，拉着女儿要走，秦昊赶紧接戏；齐溪则跟私生子说，让你爸回来，秦昊也得顺着往下演。

一条过。秦昊回看这一幕，觉得真实而精准。

这样演戏就像一场博弈。"你设计出一套表演方法，但实际拍摄时会有各种困难，导演会各种剥离你，到最后你发现，这比你的设计更深刻。"秦昊曾在采访中说。

几部文艺片让秦昊四次获得戛纳电影节最佳男主角的提名。在今年《闯入者》的宣传片中，制片方为秦昊冠以"无冕之王"的称号，被人提起时，他特别不好意思。

"王小帅、娄烨这些导演喜欢用我，我很感激，他们给我的角色让我没法拒绝。"秦昊说，"至于商业片，如果演的文艺片多了，可能就不太兼顾得上。我只能恨命不好，为什么找我的商业片都这么烂呢？"

2011年，他在商业大片《金陵十三钗》中饰演了一名国军将士，终于圆了初出茅庐时一定要拍张艺谋电影的愿望。

⫿⫿ 隐形人

不止一个人告诉过秦昊，你的角色太逼真，像群众演员。秦昊听了高兴。他的角色比他的名字给人的印象更深。

"娄烨所有电影的要求就是，你在人堆里面，发现不了你。把自我过滤掉，完全以角色的身份说话。"秦昊对《博客天下》说，"我们看很多新浪潮电影，里面很普通的一个人，但你会觉得他有魅力，是因为你真正看到了内心世界，这更高级，也是我要追求的。"

他安于隐身在这些形形色色的人物背后，这种固执的坚持很大程度上来自于娄烨的影响。

《推拿》一共拍了200个小时，剪辑花了娄烨一年半，素材多到可以剪出三五部不同版本的《推拿》。那一年半的时间里，秦昊有时会约娄烨出来吃饭，他从这个曾经被禁拍，解禁后第一部电影没能冠上自己名字，现在依然每天泡在剪辑室的男人身上看不出一点颓唐和抱怨。

有时候秦昊也问他，为什么不拍点更商业的、吸引眼球的片子？为什么一定要拍盲人的故事？聊到最后总是聊不通，娄烨比秦昊更自我，他是真的对盲人的生活和状态感兴趣。

一年一片的日子秦昊过了6年。除了拍戏，其他时间就是看书看电影。他喜欢法国"存在主义"作家加缪。

"我是那种特别崇尚自由的人，觉得真我、自我最宝贵，所以看他的书就有共鸣。"加缪的《局外人》中有一句话他印象深刻，"我知道我在这世界上无处容身，但是你凭什么审判我的灵魂。"他觉得自己在电影里喜欢的那些边缘人物也是如此，首先是个活生生的、独立的人，存在即值得尊重。

单枪匹马的日子在2010年结束，那年，秦昊和内地知名经纪人王京花签约，进入了"公司的运作流程"，唯一的条件是——娄烨和王小帅的电影找他，不管角色大小，给不给钱，他都会去。

签约第一年，秦昊拍了6部电影，上了数不清的通告。他承认这是妥协，不会再那么任性地只拍文艺片，但保证一年能拿出一部像样的作品。他也清楚，之前每部作品都拿得出手的优秀成绩单要被改写了。

但还是比想象的更不快乐。身边人都在跟他说，你怎么不去拍电视剧。电视剧又赚钱又有知名度，有知名度才有话语权，秦昊说好，那我去拍，我去赚钱，但做的过程中，整颗心都是焦虑的。

"你可能一年会拍四五部戏，但是没有一部是你要达到的，你会觉得是在浪费时间，就为了挣那一点点钱，根本不是我要的生活。"那时自己拍的戏，秦昊根本不想看。

娄烨察觉到了他身上的颓唐。拍《浮城谜事》时，秦昊拍完戏就回房间自己待着，和娄烨交流也总会说到哪部电影的票房是多少，哪位导演的话语权如何如何。娄烨觉得不对劲，他打电话给秦昊的经纪人问怎么回事。经纪人以为是拍摄出了什么问题，娄烨说不是，就是觉得他的状态特别拧巴。娄烨太太特意去探过秦昊的班，因为也觉得他心绪不宁。

曝光明显增多的时期，给秦昊带来过一段迷茫。一切突然不再是非A即B的选择题。

伊能静的出现令他逐渐平静。在两人的第一次聊天中，她告诉秦昊，原来的坚持是对的，她很羡慕。

"她说我真的没有你这样好的机会，你现在的生活是我梦寐以求的，你能拍这样的电影，你能坚持你的理想，做这么多好的东西。"秦昊对《博客天下》说。

采访接近尾声时，穿着风衣、戴着小礼帽的伊能静突然出现在餐厅里。她快步走到秦昊身旁，兴高采烈地约未婚夫晚上一起吃饭。摄影师带了几套衣服给秦昊，伊能静帮他整理好袖子和衣领，然后坐到了离得较远的一张桌边，静静等着他收工。

窗外天色渐暗，十个人、三盏灯、四台照相机围绕着秦昊。他抽着烟，按照摄影师的要求不停变换姿势，脸上露出了落寞的神色。像他在许多电影中那样，冷，难以捉摸。

秦昊最终还是和公司解了约，恢复自由身份。但一直以来，他和"圈子"的安全距离已被打破。他决定适应这一切，并再次为自己的选择买单。

▥ 同窗的你

　　中央戏剧学院表演系96级本科班是娱乐圈中的一个传奇，章子怡、袁泉、秦海璐、梅婷、刘烨、秦昊、胡静、曾黎等均出自其中。从大学2年级起，班上学生陆续参演影视剧。章子怡、刘烨当时年纪最小，却分别凭借《我的父亲母亲》《那人那山那狗》最早获得了电影节的肯定。影片获奖后，刘烨戴着墨镜现身课堂，让班主任常莉哭笑不得。常莉将那一届学生的集体出名归结为"历史夹缝中的巧合"——1997年，国家放宽文化产业政策，民营资本开始涉足影视业。机会的大幅增加以及学院培养出的扎实基础，成就了一代人。

（2014.10.25）

"王大锤"：白纸黑客

　　"王大锤"在爆红之前的从艺经历近乎一张白纸，他以黑客之姿闯入了一片熟悉而又陌生的领地。

本刊记者/陈雨　图/尹夕远

一手扶着腰，一手攥着金色的火柴盒，演员白客缓步从阴影中走出。距他10步开外，导演叫兽易小星坐在监视器后面，喊了声"Cut"。

"手再往后扶一点腰，不要扶肚子，走得稍微难堪一点。"戏拍了七八条，这是易小星对主演的唯一一次调整。

这天拍摄的是将在2014年8月19日上线的《万万没想到》第二季第八集，时长5分钟，全部场景在北京东三环外的苹果社区内完成。8月午后的阳光强烈，剧组30余人散落在阴凉之中。白客的腰上缠着绷带，绷带上洇着化妆师用不到10分钟时间涂上的红色颜料，中间深，四周浅，像易小星希望的那样，有一种血迹从伤口渗出的真实感。

本集中，白客扮演的主角王大锤为了在女神小美面前保住颜面，刚刚割掉一个肾，买了一盒以"意大利黄梨花红木"为原料，"耶鲁大学科学院最新研发的超高速燃用磷"为燃料，纯手工打造的皇家贵族家用火柴。

剧情和2010年那个毕业的夏天，白客与另外3个室友一起组成的配音团队cucn201的作品——中文配音版《搞笑漫画日和》有异曲同工之妙，无厘头、搞笑，充斥着新鲜时髦的口语化表达。

没有人能想到，那时纯粹自娱自乐的举动将给这个浸淫在足球、动漫、游戏、网络世界的年轻人的生活带来如此巨大的改变。

《搞笑漫画日和》的中文配音让白客在亚文化圈小有名气，靠口口相传造就的巨大网络转发量让他初尝成名的滋味，也打开了网络播客世界的大门。此后白客受邀加入万合天宜，出演王大锤，凭《万万没想到》在互联网彻底走红。

与第一季开拍时预算无限接近零的窘迫状况不同，2014年筹备第二季时，《万万没想到》已成为在优酷网上坐拥6亿点击量的网络神剧。剧中唯一主角的表演也更加得心应手。

白客扶着腰的手往后挪了挪，脚步拖沓，牙关咬紧，咧着嘴一步步走出了镜头。

⫶ 我不是王大锤

2014年6月26日，北京，王大锤的新婚大礼暨《万万没想到》第二季上线发布会现场。图为白客与万合天宜特效师孔连顺。

2014年6月26日，白客在北京丽思卡尔顿酒店举办"婚礼"。

粉色和白色为主色调的宴会厅里架起了一个长长的T台，尽头是一个玫瑰花拱门。到场嘉宾人手一个肥皂盒，里面装着金币巧克力和花生酥——土洋结合被发挥到极致。

一身挺括西装，戴着黑框眼镜的白客上场，台前的粉丝团爆发出一阵阵"锤锤，我爱你""锤锤我要给你生猴子"的叫喊。直到这场名为"王大锤的新婚大礼"的《万万没想到》第二季上线发布会结束，台上的白客也没说几句，始终笑得腼腆。

"除了脸和乐观，我和王大锤基本是不像的。我没他那么倒霉。"白客对《博客天下》说。

易小星看中的刚好就是这张脸：大众、"面瘫"、死鱼眼，扎进人堆就找不出来。"如果太好看，或者太难看，观众都会觉得离自己太远了。最好的就是一张可能随处可见的路人脸，乍一看不是很好看，但看久了会有亲人一般的感觉。"易小星曾在接受《博客天下》采访时解释。

王大锤是个总在倒霉的"屌丝"：想当一回坏人收保护费却总不能如愿的受气包、帮女神游戏通关却听不懂暗示的宅男、一心想默默为老板点赞却无意间揭发公司走私罪行的员工……

王大锤在每一集中遇到的各种困扰，都是20到25岁的年轻人最常面临的真情实景，而这个年龄层的观众，正是《万万没想到》预设的受众群体。"我把这些问题进行夸张、扭曲，让他们觉得还有王大锤这么一个比我更倒霉的人，我所经历的还不够惨，从而激励他们向上的信心。"易小星说。

白客并非科班出身，毕业于中国传媒大学南广学院播音与主持艺术专业的他，只在考学前和大学生涯中短暂上过一阵表演课。不过对于出演这么一个倒霉蛋，他并没有太大压力。

"我们公司这些戏都是在玩耍的过程中形成的，边玩儿边定，整个过程没有那么严肃。就是因为大家在做这个项目时候特别开心，所以这个才会继续下来。"白客说。

在第一季第六集的拍摄过程中，因为时间充裕，全剧组因为"玩嗨"忘了时间，还剩半小时就天黑的时候才发现还有一场戏没有拍，最后赶在太阳落山前把戏抢了出来。类似情况发生过不止一次。

在片场，易小星对白客所作最多的调整就是表情。白客喜欢金·凯瑞和憨豆，在自己表演时会忍不住装腔作势，易小星总让他收一收。"尽管大家对《万万没想到》的理解是这个剧表现得特别浮夸，但是实际上我本身想表现得更加浮夸，但'叫兽'已经把它控制得比较保守了。"个别时候，易小星会让白客在"面瘫"的基础上加入一些细微的表情变化，以配合人物激烈的内心戏。

2013年，《万万没想到》在播出3集后就达到了1亿次的播放量。播到一半时，白客突然意识到自己火了，莫名其妙地成为了越来越多人眼中的男神。他把这归结于剧本身的成功。"前期的剧本、风格的定性、这个剧的模式的成功，把你这个角色凸显出来，然后我沾点光，毕竟是主角嘛。"白客说。

在角色的塑造上他几乎没有遇到任何困难，这也使得越来越多的人将他和王大锤画上了等号。但白客并不是王大锤，他不喜欢"屌丝"这个词，他觉得自己平时说话比较直，口无遮拦，"不受听"，最关键的一点是，"比王大锤帅"。

在万合天宜的配音导演和内容总监小爱看来，认识了8年的白客和王大锤除了长相之外，没有任何相似之处。

"他比较犟，但不轴，也不像王大锤那么二。"小爱对《博客天下》说，"在家里，和跟几个比较好的人在一起时会比较安静，不愿意说太多的话。白客属于闷葫芦，肚子里的货很多，就是他不说而已。他认定了一件事之后，会特别坚持地去做，哪怕你在说这件事不对，他也会坚持去做，直到他自己意识到这事不对。"

"所以有些人看到我生活中的样子，感觉有点接受不了。"白客说，"就是可能没那么呆，而且也……没那么倒霉。但是没办法啊，我不能为了让你开心，我在剧里那样，生活里也那样。"

⫼ 比别人的版好

小爱第一次见白客是在中国传媒大学南广学院某宿舍楼的201号房。那是2006级新生开学报到的日子。"就是一个安安静静的男孩子。"

201是间三室一厅的大宿舍，上床下桌。白客、小爱住同屋，另外两位播音主持与艺术专业的同班同学，也是日后cucn201成员的宝木中阳和NG熊王各住剩下的一间。"我们寝室有个不成文的规定，就是放假吃顿饭，开学吃顿饭，中间没事吃顿饭。"小爱说。

大学4年，白客加入了足球队和校学生会体育部，最常干的就是踢球、看球、电脑上踢实况足球、看动漫、和室友一块儿吃饭、在寝室口无遮拦地互黑，一个再普通不过的男生。他逃课算少，成绩"还好"，因为说话语速太快，还曾被专业老师批评"听不清说什么"。

2010年临毕业时，一心想做体育解说的白客早早定下了去扬州电台的实习工作，小爱那时也已确定了去上海台。同寝室的4个播音专业毕业生闲了下来，无意中在网上看到了由中文配音界传奇团队729配音的《搞笑漫画日和》，这些经常能在好莱坞大片中听到的配音大咖打破传统的配音节奏，加以中式幽默的翻译，让几个男生耳目一新，蠢蠢欲动。

白客、小爱、宝木中阳和NG熊王组成了cucn201，每人分饰几个角色，改写了台词，用一个20块钱买来的劣质话筒，挤在电脑前，一边放片子一边顺着完成了《日和》第一集《西游记·旅程的终点》的录音。之后放到网上，也是为了"让同年级的人一块儿看看乐呵乐呵"。

出乎意料的是，cucn201版的《日和》如火如荼。极快的语速，充满动感的语气，且融入诸多宿舍常用语。如给力、带感、这货等等，以及在配音时为了撑够一个四音节的感叹词而独创的"我勒个去"，都成为了流行至今的高频词。cucn201团队凭此作品拿下了2010年百度网络沸点年度创意搭档奖、2011年土豆映像节最佳娱乐精神奖、摩登上海潮盛典年度潮流关键词大奖。

现在回想起来，白客将这段经历视为一个意外的机遇："其实大学时《日和》的配音对我来说是真正的人生转折点吧，导致了后面一连串的东西。"但小爱就没有这么客气："大家觉得我们只是莫名其妙地火了，但这是所有人都能做到的吗？在我们（给日和配音）之后以及在我们之前都没有人做到，对吧。这就说明，我们做的东西是与众不同的，它里面包含的东西是别人不可能学习的，因为也有人在做这个事情，做了好多版，那为什么我们的版要比别人的版好呢？"

《日和》配音的疯传让小伙子们难免有些飘飘然。但这感觉过去得很快，紧随而来的是毕业后的首份工作。

在扬州电台实习期间，白客陷入了迷茫。包括整点播报在内，他几乎什么节目都做，但就是离自己想做的体育越来越远，而且又无法融入当时的生活圈子。"他那边是说扬州本地的方言，热线联系的时候都会说方言，他接听了也根本听不懂，交流都是问题。"那一年小爱在上海，也经历了和白客相同的不适应。

"当时辞职来北京，本身就是一个挺冒险的事，尤其对我们这种普通家庭来说。"白客对《博客天下》说，"我妈当时还到扬州来跟我住了一个月，觉得确实不好，因为她觉得她也适应不了这种生活。她要心里有数，我不是冲动地做这个决定。"

来北京的第一个月，白客和小爱在亚运村的出租房里，除了吃饭、睡觉、打LOL（网游《英雄联盟》）之外，什么都没干。玩够了，两人开始了配音工作，按照配音圈的规则，从学徒做起，在电视剧中配一些兵甲兵乙。

2011年冬天，小爱接到了一个电话，是从长沙辞职来京的易小星打来的。他和另外两人成立了公司，找白客和小爱过去聊聊。互联网播客圈是一个非常小的圈子，这些喜欢恶搞文化的人通过作品互相认识。

白客和小爱以配音和编剧的身份加入了万合天宜，易小星看中的，是二人身上浓烈的互联网气息。

"像白客、小爱这些，都是在网络时代成长起来的一批人，他们更懂得怎么用网络化的表达来获得观众的认可。"易小星说。

我还演不了那个片

目前为止，白客出演过的最大"巨制"是韩寒导演的《后会无期》。在从北京飞往拍摄地西昌的飞机上，白客发现自己的邻座是贾樟柯。他淡定地打了个招呼："你好，贾导，我也是去《后会无期》剧组的。"，然后就"睡得跟狗一样"。

《后会无期》中，白客只有一场戏，他扮演王珞丹的弟弟，满脸胡茬，面色冷峻地威胁冯绍峰和陈柏霖"别看我胖，一个人干你们两个没问题"，然后和贾樟柯一起，把王珞丹从公路边的加油站带走。

　　这是白客第一次拍电影，片场对于细节的把控与拍网络剧时明显不同。为了配合山里阳光的变化，他的戏每天10点开拍，赶在晚上6点太阳落山前收工，第二天同一时间再开始。本来说一两天就能拍完的戏一拍就是快一个星期。

　　最后呈现在大银幕上的，只有8分钟。但他还是很喜欢这个角色，因为这个"弟弟"更冷酷，性格和自己更贴近。韩寒做导演的时候喜欢亲自上阵给演员示范，但白客的这段戏省了这个步骤。"我以前一直特别内向，学了播音之后才放开的，所以那个（角色）更符合我一些，诠释起来更容易，走两遍韩导都觉得可以。"白客告诉《博客天下》。

　　坐在沙发一侧的白客穿着一身红T恤，手里的盒装冰红茶已经喝完，却把吸管叼在嘴里。在《万万没想到》第二季的上线发布会上，主办方称，按官方数据中国13.54亿人口计算，每3个中国人中就有1个看过王大锤的脸，这张长得像路人的脸。

　　而对于王大锤这个角色，拍到第二季，白客的新鲜感消失了。"就跟你和一个人结婚了之后，过一段喜欢别的女孩一样。你跟这个人结婚，营造出了这个幸福，和你后边要维持住这个幸福，那感觉不一样，维持肯定让你更累一些。"他坦言，一直演一种类型的角色，需要创造的越来越少，转而开始遵循既往的模式，成就感没有最开始时来得那么多。

　　到目前为止，白客还没有在演戏上遇到过大的困难，几部戏的导演几乎都是自己公司里的同事，太熟了。但他明白更大的平台将在他面前一点点打开。白客在采访中几次提到"真正能沉下来，稳住，把自己藏住的角色"，这是他没遇到过，又很期盼的，但同时，他也有些担忧。

"我对这行其实还是不了解。不知道如果演电视剧或者电影，稍微大点的角色，会不会有更大的挑战，这些对我都是未知的。"白客说。

在南广念书时，播音专业要上表演课，但这对于现在的白客来说有些不够用。他看书，拉片子，借鉴表演上的套路，比如几个步骤表现吃惊，从什么动作中体现开心，还一周一回跟着公司请来的老师上表演课。

就像易小星更希望被称为导演而非"视频制作人"，白客也希望成为一名真正的演员。他们盯着的，都是电影市场。"现在中国电影市场的环境特别好，随便一个破片儿都可以挣好多钱。但我们肯定是不想做一个烂片啊，肯定是想做一个好的片子，冲击一下电影市场。"白客说。

但现在还不是时候。比如为何不在飞机上向贾樟柯推荐下自己？

"贾导他那个片不是偏文艺吗，我还演不了那个片呢。"

附：其实我是个演员——白客的表演经历

2012年

微电影《老魔术师》，饰年轻时期的魔术师。微电影《那些年狂追我的女孩》，饰男主角小白。

2013年

网络科普剧《P大点事》，任主持人。

网络剧《万万没想到》第一季，饰男主角王大锤。网络剧《报告老板》，饰呆萌蘑菇头制片。

微电影《岛国奇欲记》，饰男主角陈健男，女搭档为AV女星吉泽明步。

2014年

湖南卫视贺岁剧《万万没想到：小兵过年》，饰男主角王大锤。

百事可乐贺岁微电影《把乐带回家2014》，饰大反派副店长阿豪。

网络剧《高科技少女喵》，饰男配角机器少年汪。

网络剧《万万没想到》第二季，饰男主角王大锤。

电影《后会无期》，客串王珞丹弟弟一角。

（本刊记者韩紫婵对本文亦有贡献）

（2014.9.5）

不要来颁奖礼找伍迪·艾伦

伍迪·艾伦曾23次获奥斯卡提名，4次获奖；11次获金球奖提名，两次获奖。但他从来都不领奖。

本刊特约撰稿/戴舒华

年近80岁的伍迪·艾伦仍然懒得到现场听一听同行的赞美和崇拜者的掌声。当老搭档黛安·基顿以一贯的优雅代替他从主持人手中接过第71届金球奖终身成就奖时，这个一辈子架着黑色粗框方形眼镜的矮个子怪才正坐在纽约百老汇的一家剧院里，和脱口秀主持人凯特·库瑞克一起观看歌舞剧《美人》的首映场，据说心情好极了。

更早时候，这个在好莱坞"臭名昭著"的奖项厌恶者甚至打算完全拒绝这个奖项。但之后，他被朋友们说服了，因为接受该奖对他的电影宣传有好处。

"我讨厌获奖。"伍迪·艾伦接受《洛杉矶时报》的采访时说，"不过，如果我不用去看颁奖礼，也不用参加，那就随便他们干什么喽。"

关于伍迪·艾伦为什么讨厌领奖，坊间有不少传闻。

第一种说法认为，他只是超级内向、超级宅、超级没有安全感而已。能不见人就不见人，能不出门就不出门，用伍迪·艾伦自己的话说是"最好整天宅在家里看篮球"。因为过于羞涩，这位导演连为自己的电影挑演员这种事情也通通推给助手，他经常在电影开拍时才第一次见到男女主角。这样的人会拒绝人头攒动的颁奖盛典也不难理解。

第二种说法是，身为一名爵士单簧管乐手，伍迪·艾伦每周一都要和自己的乐队一起去曼哈顿的一家酒店演奏，而好莱坞颁奖礼的时间每次都和他的表演时间冲突，无奈只好舍弃。伍迪·艾伦对爵士乐和单簧管的热爱是众所周知的，他曾经说过"如果有机会再让我选择一次，我会选择当一名单簧管表演者，而不是电影导演"。

还有流传甚广的第三种说法：伍迪·艾伦一直患有自我厌恶症。很早以前，他就用讲笑话的方式半真半假地坦露"不愿意任何一个值得纪念的团体里出现我的身影"。

伍迪·艾伦的纽约老乡们普遍接受第四种说法：这位导演是属于纽约的。纽约是他的全部。他的生命和艺术都来自于这座冷酷而浪漫的城市，所以他拒绝前往洛杉矶，拒绝另一座城市授予他荣誉。

早在1979年，伍迪·艾伦就以一部黑白色调的《曼哈顿》表达了他对纽约的挚爱，他镜头下的纽约美好得让纽约人都认不出来。纽约城，已经完全变成伍迪·艾伦一个人的乌托邦、心灵驿站和灵感源泉。而伍迪·艾伦唯一一次出现在好莱坞颁奖礼也是为了纽约。那是2002年的奥斯卡，那一次他甚至没有电影被提名，而他出席的理由很简单：感谢好莱坞在"9·11"后对他的家乡纽约的帮助。

不过，这种说法并不被纽约以外的大多数人接受，尤其在伍迪·艾伦将工作室移到伦敦并且开始在巴黎、巴塞罗那、罗马等世界名城拍片以后。

于是，又有了看似更为合理的第五种说法：拒绝颁奖礼是因为伍迪·艾伦不愿意评判艺术。在他眼里，艺术是主观的，无法用一个标准来衡量好坏。如果一个电影人掉进这个陷阱，也就是不得不让别人来评判自己作品的好坏，那他就会自觉或不自觉地按照这个游戏规则来创作，从而丧失自己的创造力。

早在1973年，伍迪·艾伦在自己的电影《傻瓜大闹科学城》未获奥斯卡提名后，就第一次明确表达了这种想法："评奖什么的最傻了，我没法忍受别人评价我，如果他们说你配得到这个奖你就接受了，那么下次他们说你不配的时候，你也得接受。"

年轻时的伍迪·艾伦。

⦀ 人人都爱白雪公主，他爱老巫婆

当人们对伍迪·艾伦拒绝颁奖的理由猜测纷纷时，也许这只是他另一个不需要理由的怪癖而已。伍迪·艾伦是一个不按常理出牌的人，这一点在他还是小孩子时便初见端倪。

"从小时候起，我就经常找错女人。我觉得，这就是我的烦恼。我母亲带我去看《白雪公主》，人人都爱上白雪公主，我却爱上了那个老巫婆。"伍迪·艾伦说。

爱上过老巫婆的伍迪·艾伦长大后变成了一个纽约中心主义者。他常常不顾大众喜好，讲只有一小撮纽约犹太裔知识分子才能听懂的所谓"精英笑话"。只要他出现在镜头前，永远是那个固定不变的漫画式形象：头发蓬松杂乱，两眼迷蒙不安，神经兮兮、絮絮叨叨地对万事万物发表着观点。

除了最热爱的写作之外，伍迪·艾伦排斥现实生活中的很多东西。他有幽闭恐惧症和广场恐惧症，讨厌坐电梯，从不过隧道，浴室里的排水管道必须隐藏在角落里，因为"感觉很像蠕虫"。他的早餐也比较奇葩，必须是一碗麦片加上一根切成7段的香蕉。而在关于他艺术生涯的纪录片中，伍迪·艾伦把拍电影的过程形容为"我不得不出卖自己以便从这场灾难中存活下来"。

伍迪·艾伦惹的麻烦还不止"神经质"这么简单。金球奖结束后不到两小时，他与前女友米娅·法罗的儿子罗南·法罗在推特上炮轰："伍迪·艾伦没有上台发表致谢词？他要把一个女人公开控诉他在她7岁时进行性骚扰这一段放在《安妮·霍尔》前还是《安妮·霍尔》后？"

短短两句话再次揭开伍迪·艾伦人生中最为隐秘的旧伤疤。1992年，伍迪·艾伦与米娅·法罗养女宋宜的地下情曝光，一夜之间摧毁了他的家庭。更令人震惊的是，米娅·法罗的另一个养女迪兰随后站出来，控诉养母的男朋友曾在她7岁时对她进行性骚扰。

"我很害怕他。"迪兰在一个电视节目中说，"我把所有他的相片都销毁了。"

伍迪·艾伦坚决否认所有指控。法庭也最终裁定性骚扰的证据不足，仅仅剥夺了伍迪·艾伦对女儿的探视权。但这位大导演的形象也遭到毁灭性打击，从一名备受推崇的知识分子导演变成丑闻缠绕的不光彩人物，那个富有搞笑天赋的饶舌鬼从此多了一层让人疑窦丛生的暗影，以至于不得不远走欧洲。

即便如此，伍迪·艾伦仍然雷打不动地继续着他"一年一部电影"的节奏。形象跌入低谷的20世纪90年代中期，他一口气拍了好几部在他一生中最具玫瑰色彩的轻松喜剧，比如《子弹横飞百老汇》和《甜蜜与卑微》。

进入2000年后，《蓝色茉莉》《赛末点》和《午夜巴黎》接连获得巨大成功，终于让这个轰动一时的家庭丑闻从新闻头条上渐渐消失。

‖‖ 段子手突破天花板

时隔20年，2014年的金球奖终身成就奖，再次将炮火引回伍迪·艾伦的身上。罗南·法罗发飙之后，不满的情绪在网上迅速发酵，数十个影评人和文艺界人士公开质疑伍迪·艾伦，认为在没有廓清道德问题前，这位举世闻名的导演没有资格获得终身成就奖。

但好莱坞不理睬这些不和谐音。这是一个善于原谅和遗忘的地方。

1977年因被指控与未成年人发生性关系而远遁欧洲的波兰斯基，凭借《钢琴师》赢得2002年奥斯卡最佳导演奖。1951年，制片人华特·瓦格纳因为怀疑妻子与其经纪人有染而枪击对方，在牢里待了4个月后，他重返好莱坞，工作量不减，还靠着一部《人体异性》赚了个盆满钵满。数不清的明星人物都不曾为自己荒唐不堪的行为付出重大代价，顶多只是公众形象暂时受损，只要他们能用作品证明自己是不折不扣的天才。

在这些被艺术之神垂青的天才之中，伍迪·艾伦无疑是最独一无二的那个。23项奥斯卡奖提名，四夺小金人，其中三获最佳原创剧本奖及15次被提名的纪录至今无人能及。

年仅15岁时，伍迪·艾伦就用笔名在报刊上发表笑话，并被很多知名的专栏作家引用。因为太受欢迎，很快有广告公司前来聘他专门为喜剧演员写段子。而当对方与他见面时，都不敢相信他还只是个孩子。

从16岁开始，伍迪·艾伦利用放学后的公交车时间创作笑话。他的天赋如此之高，以至于他根本不用刻意寻找灵感。只要走过街道，看见人群，灵感一个接一个涌入他的脑海。他回忆说："我站到车窗前，抓住吊带，拿出一支铅笔，下车的时候我就写好了四五十则笑话……每天50则笑话，写了好多年。"

17岁时，伍迪·艾伦赚的钱已经超过了父母收入的总和。18岁时，他成为著名的幽默作家赫伯·希里纳的全职写手，一星期能挣25美元。短短一年后，他靠为电视节目写脚本，每周薪水达到1500美元。

26岁那年，以作家身份进入演艺圈的伍迪·艾伦被人相中，成为一个脱口秀艺人。他第一次上台表演的地方是一个名叫"苦涩终点"的酒吧。拥有写作天赋的伍迪·艾伦却无法面对观众。他操着浓浓的尖细的布鲁克林口音，戴着笨拙傻气的黑框眼镜，内心如外表般紧张焦虑。因为过度害怕，他曾多次在后台呕吐，天天都念叨着"我不行了，我不干了"。但他的经纪人杰克·罗林斯坚信，只要适应舞台表演，伍迪·艾伦将会获得一个无限广阔的空间，于是每天死命将他拽上台。

"他性格中的某些东西逼着他逃开人群，就像逃开炸弹一样，为此他甚至可以忍受失败的恐惧和屈辱。"在2013年的一次访谈中，罗林斯回忆说，"但他竟然挺过来了，并得以走进与伯格曼并肩而立的艺术万神殿。"

2004年，那个上台前紧张到呕吐的小个子被美国喜剧中心评为"一百个最伟大的脱口秀演员"第四位，仅次于脱口秀的先驱和传奇人物理查德·普赖尔、乔治·卡林、连尼·布鲁斯。

⫿⫿⫿ 摒弃"搞笑第一"

这个天才有着与其天赋相匹配的卓绝毅力。

20世纪60年代中期，伍迪·艾伦开始编导一些闹剧式的喜剧电影。但第一次触电并不顺利，因为片商干预太多，导致影片《风流绅士》与他本人的期望差距过大，从他设想的嬉皮士幽默变成一部纯粹的闹剧。从此以后，伍迪·艾伦便有了"只要自己是导演，就严禁他人干预"的强硬坚持。幸运的是，伍迪·艾伦非常善于拍小成本电影（他的拍片成本通常控制在1800万美元，少得几乎不值一提），而票房哪怕不会大卖，也总能保证一定的利润，使得制片商乐意交出电影控制权。

拿到拍片风格主控权的伍迪·艾伦，早期作品依然走熟悉的幽默搞笑路线，从《傻瓜入狱计》到《傻瓜大闹香蕉城》《傻瓜大闹科学城》，他自己也往往粉墨登场，扮演那个始终笨手笨脚、唠唠叨叨的"傻瓜"，把观众逗得哈哈大笑。

直到1977年的《安妮·霍尔》和1979年的《曼哈顿》，伍迪·艾伦才走出"搞笑第一"的拍片思路，也开启了他的黄金时代，从此一路展开绵延数十年的爱情论述以及独树一帜的伍氏风格。

什么是伍氏风格？

从拍片哲学上说，是"尽可能多拍"。伍迪·艾伦相信，只要一直拍，一直拍，自然会有经典传世的作品产生。当然，这与伍迪·艾伦思如泉涌的天赋之才有关，往往当别人想出一个故事已经相当费力时，这位怪才已经轻轻松松地写出了好几个故事。

从形式上说，伍迪·艾伦善于用分割画面、卡通动画、瞬间回忆、意识流等技巧来表达人物的多重性格与动机，组合千变万化。比如《大家都说我爱你》中，男女主人公在巴黎塞纳河边跳舞那场戏，他甚至用电脑技巧来达到幽默效果。

但另一方面，他在情节上不搞晦涩的悬念，不让人去费心猜测可能存在的隐藏情节。他的目的总是解构日常生活中的表象世界，将我们已经知道却惧怕承认的真相浮现出来。

从主题上说，伍迪·艾伦的电影一向带有很强的自传性，关注对象总是中产阶级知识分子，并对片中人物展开多层面的精神分析。虽然常常以喜剧的面貌出现并充斥着大量幽默元素，伍迪·艾伦却总在进行着最严肃的价值探讨，展现出一种洞若观火的人性透析。

"你到底信不信上帝？"这个问题出现在他的多部电影中，不仅让伍迪·艾伦成为电影史上谈论这个议题最多的导演之一，也让他的电影充满忧郁而富有哲学意味。

而爱情，更是伍氏电影中永恒不变的主题。伍迪·艾伦视爱情与自我找寻为一体。他最受好评的经典影片，从《曼哈顿》到《安妮·霍尔》，从《汉娜姐妹》到《开罗的紫罗兰》，从《甜蜜与卑微》到《午夜巴黎》，无一不是主人公通过追寻真爱而找到自我的过程。

故事开头，总是一个普通男人在名誉、权力、性和物质的包围下呈现出困惑迷茫的状态。而结尾，总是这个男人发现，痛苦的根源在于他的生活没有爱，而只有各种爱的代替品。随着人物的觉醒，简单恒久的真爱战胜了浮华和短暂的快感。

正因为伍迪·艾伦在电影中坚持不懈地拷问信仰、追寻真爱，所以哪怕性骚扰的丑闻甚嚣尘上，也仍然有大量影迷选择坚定地相信他，将他视为一个忠于内心、思想深刻的道德主义者。

‖‖‖ 用拍电影治疗自己

如今，78岁的伍迪·艾伦仍然活跃在拍片第一线。2013年，他如期推出第48部电影《蓝色茉莉》，女主角凯特·布兰切特一举摘下金球奖最佳女主角桂冠。

有人认为，伍迪·艾伦的多产既成就了他又限制了他。如果他拍得少一点，也许得到的荣誉会更高。毕竟，他的不少作品已经成了过眼云烟，《丹尼玫瑰》《非强力春药》《无线电时代》，连情节是什么都让人想不起来。

年轻影迷的口味变化也让伍迪·艾伦难以重现20世纪六七十年代的辉煌。低成本的话语绵密的伍氏电影，没有动作场面也没有电脑特效，更接近于欧洲艺术电影而不是好莱坞风格，这都对他的观众提出较高的品味要求，注定无法成为票房赢家。

但伍迪·艾伦对这些毫不在乎。2013年8月，他在纽约上东区的工作室接受《时尚男士》杂志采访时，透露了他目前唯一的烦恼："年纪太大，无法再担任浪漫电影的男主角。"

"衰老是无法逃避的疾病，对此我无能为力。我无法再坐在黛安·基顿、米娅·法罗、戴安·威斯特或者朱迪·戴维斯的对面，和她们谈情说爱。如果我能为我自己设计一个角色，那我只能想到作为背景画面的剧院里的一个可爱门卫，或者一个精神病医生，或者婚礼上的和蔼老爸。"伍迪·艾伦叹了口气，"但我喜欢做一个情人。"

没有女演员不喜欢在电影里做伍迪·艾伦的情人。不仅因为伍迪·艾伦的电影一共捧出了12位奥斯卡或金球奖最佳女主角提名，还因为这位导演总是将片中女性塑造得如此美好，以至于女演员们哪怕不要一分钱片酬，都争先恐后地想当他的女主角。

历史上，与伍迪·艾伦的艺术生涯最为相似的人是卓别林。他们都是以作家的身份出道，逐渐走上自编自导自演的全才之路，最终把自己打造成一个文化符号。但卓别林在76岁时停止了拍片。而伍迪·艾伦最崇拜的导演之一费里尼在70岁时宣布结束导演生涯。迄今为止，在所有的伟大导演中，只有布列松和伯格曼直到80岁高龄依然在拍电影。伍迪·艾伦还差一步就和他们并肩而立了。

很久以前，还很年轻的伍迪·艾伦说过，电影是属于年轻人的游戏，当他50岁时就会告别影坛。那为什么他还在拍电影？

伍迪·艾伦对此有一番很长的解释："在心理治疗领域，医生常常会给病人一些毛线，让他们在无意识的织毛衣劳动中得到治疗。对我而言，拍电影就是一种治疗。如果不能工作，我就无法保持健康。我会陷入病态思维，被死亡的想法缠住，焦躁不安。但如果我一起床，就要忙着考虑'我能请到那个演员吗，我的第三幕合格吗'之类的问题，我就得救了。这些能够得到解决的问题就像让我心情愉快的谜语，把我从没有答案、无法解决的生命难题中解救出来。所以，我从拍电影中获得乐趣。对我来说，它就像织毛衣疗法一样。"

2004年8月1日，德国柏林，伍迪·艾伦在其组建的"新奥尔良爵士乐队"中演奏单簧管。

（2014.1.25）

高仓健：一整代中国男人因他黯淡无光

高仓健的坚毅和隐忍，甚至软弱和缺憾，无不符合东方审美。他是行为上的"侠"，也是精神里的"士"。

本刊特约撰稿/邓娟

2005年电影《千里走单骑》剧照。

在许多方面，硬汉高仓健都追寻着另一位硬汉海明威的生活方式，比如斗牛、狩猎、钓鱼，唯独不包括面对死亡的态度。那个暴怒的作家选用猎枪终结生命，而这名以好脾气著称的演员在病床上平静谢幕，"带着犹如在生的安详笑容"。

逝世细节是经纪公司提供的。与高仓健在日本内外的巨大知名度极不相称，他的后事非常低调，"遵从故人遗志"，葬礼秘密举行，讣闻隔了一周才对外发布。

对高仓健之死，中国人一定是日本人之外情感反应最强烈的群体，虽然他的名字上次在中国密集出现已是9年前拍《千里走单骑》时。

外交部发言人洪磊用"中国人民熟悉的艺术家"，"为促进中日文化交流做出重要积极贡献"表达哀悼。而在官方辞令之外，在稍微有点年纪、有些阅历的人们心中，这个刚刚离世的人意味着一种标准和一段青春。

拥有如此跨国界的影响力，尤其还是在对日关系敏感的中国，高仓健的传奇属于特定时代的因缘际会，也来自他本人的精神特质。

深入了解会发现，这个荧幕上的硬汉绝不只是单调的符号。他的坚毅和隐忍，甚至软弱和缺憾，无不符合东方审美。他是行为上的"侠"，也是精神里的"士"。

‖ 一代中国男人的阴影

日本电影进入中国的东风是邓小平刮起来的。这位小个子领导人1978年10月访问日本，在提倡中日友好的氛围下，中国决定引进日本影片。年底，第一部引进片《追捕》风靡中国，面容冷峻、身材高大的高仓健俘获了亿万人心。

"亿万"并不夸张，《追捕》在中国创下的1亿人次观影纪录保持至今，而目前2014年票房冠军《变形金刚4》的观影人次也不过才突破4000万。

《追捕》的第一批中国观众包括胡锦涛、温家宝。高仓健的粉丝张艺谋，这一年9月刚从陕西国棉厂辞工，成为电影学院的超龄新生。被"文革"整得奄奄一息的中国电影开始复苏，人们从文化束缚中挣脱未久，对新风尚、新观念的渴求十分强烈。

《追捕》无疑是及时雨，又迅速成为风向标。尽管有人从中看出"《追捕》告诉我们一个真理，对冤假错案一定要平反昭雪，正义必定战胜邪恶"，但更多人受到的冲击，首先来自高仓健不一样的男性形象。

此前国人熟悉的男主角，要么是民国电影唇红齿白的英俊小生，要么是样板戏里通过夸张声调、肢体表演进行喋喋不休说教的革命者，陡然出现一个打扮酷性格更酷、沉默中充满阳刚之气的高仓健，对于"文革"后"除了在肉体上几近蓬首垢面之外，在精神面貌上也是垮垮的"（学者孙基隆语）的国人，堪称暴风雨般的洗礼。

以高仓健为模板，20世纪80年代的中国人迫切地开始了男性气质的重新定义。"硬汉"的对立类型"奶油小生"成为反派。唐国强首当其冲，他总演的那些英俊多情的角色被观众唾弃，由此遭遇了10年事业沉寂期。

"20世纪80年代，整整一代中国男人都笼罩在高仓健的阴影下。"评论人李方写道。

事实上直到20世纪90年代，阴影仍然存在。1991年，当红歌星蔡国庆被娱乐记者何方写文章批评"太奶油，腻死人"。"在咱们这样的国情下，如果一个男演员被说成'奶油小生'，你几乎就宣判了这个人在演艺之路上的死刑"。17年后，蔡国庆对往事仍心有余悸。

影响不止在文艺圈，普通百姓模仿高仓健的表情、台词，也追捧他的打扮。一家服装厂根据他的造型生产的10万件风衣迅速脱销。翻开那时候的影集，一群群穿着立领风衣、喇叭裤，戴着蛤蟆镜，如今看起来土得掉渣的青年人形象，当时简直时髦极了。

▎ "非当个能挣钱的演员"

在祖国日本，高仓健其实早30年就已经红了。

1956年，他的处女作《电光空手打》上映。高仓健是艺名，"健"的寓意，以及另一个他更喜欢但遭公司拒绝的备选名"忍勇作"，连接着这个本名小田敏正的男人孱弱的成长记忆。

和成名后的孔武形象大相径庭，1931年出生在日本南部煤矿小镇的小田敏正自幼多病，常因肠胃虚弱住院，以至于母亲得在他的胸前悬挂牌子，写上"请不要给这个孩子零食"。他几次失足坠入水塘、洗煤池，都侥幸获救，小学一年级又因为浸润性肺结核休学。那时青霉素尚未临床应用，肺结核是令人恐惧的传染病。

6岁的孩子被隔离在家附近的一个房间，与书本和收音机相伴，等待母亲每天晚上的探望。他后来孤独沉默的性格也许与长达一年的静养有关。多病的童年让他对母爱格外感念，即使多年以后长成一个十足的成熟男人，想起母亲他仍然"期待着您的夸奖"。

病愈后复读，挑起战争的日本物资匮乏，小田敏正这弱不禁风的转学生却拥有父母节衣缩食提供的长皮靴、披风和正式书包。他对父母的爱懵懵懂懂，只感到"多难为情啊，真不愿意这样打扮"，落在同学眼里，自然就是众矢之的。

从被欺负、中学会打架的小田敏正，在中学成为体育爱好者，因为学习拳击结识了美国驻日军官的儿子舒尔茨。国际友谊对小镇青年的影响显而易见，他有了美国梦，"幸福，在大洋的彼岸。它不在养育了我的煤矿附近，而是在一个遥远的地方……在童年时代我一直这样想着，并且产生了一个念头：无论如何应该到美国去一趟。"

他英语进步很快，成为好莱坞影星亨利·方达的忠实粉丝，并确立了当外贸商人的人生理想。

但事与愿违。小田敏正大学毕业时，日本正陷于战败后的经济困难期，失业率居高不下。在家乡采石场工作半年，他感到"这样下去就完蛋了"，于是毅然跳上去首都的列车，开始了"东漂"。

几个月后，一贫如洗的他参加电影公司试镜，上妆时因为感到屈辱，眼泪夺眶而出，在他的家乡九州岛，人们仍沿用江户时代对歌舞伎艺人的贬称"河原乞食"称呼演员。

挥之不去的挫败感困扰着高仓健，他出道之初的成绩非常低迷。从被动接受到主动争取，转变发生在《第十三号栈桥》拍摄期间。那会儿他还是名不见经传的小配角，待在寒冷的片场里浑身发抖地等待导演召唤，被女演员日高澄子看到，邀请他坐进自己的汽车里，还端出热咖啡招待。

"那天感受的温暖终生难忘。从那天起，我就深切地意识到，非当个能挣钱的演员不可。"

是男子汉就该去闯

"这位新演员初入制片厂大门时，穿着藏青色斜纹哔叽的和服，样子非常朝气蓬勃。"这是导演佐伯清对高仓健的初步印象，但他不认为这名新人适合当演员，配戏时，高仓健总是呆呆地站在女演员身边，需要他念煽情的台词，他笨嘴笨舌，犹豫半天。

"笨鸟"还是慢慢上道了，1959年他第一次当上男主角，第二年又演了《是男子汉就该去闯》中的警察，男子汉形象初获认可。

只是那几年日本还是古装片的天下，高仓健主演的现代剧不是主流。但时间最终证明，没有哪一个演员比高仓健更受到时代的眷顾。如同他的引进片迎合了开放之初中国人的精神需求，1964年他出演的《日本侠客传》恰逢日本国民风气转变，开启了义侠片序幕。

东京奥运会就在这年举办，这是该项赛事第一次来到亚洲国家。日本真正从战后崛起，经济发展的同时社会矛盾加剧。这一年高仓健的作品都与贫富悬殊相关，他扮演着坚毅的硬汉，从沉默中爆发，深深触动日本观众心扉。他们统称这类肩负时代重任的角色为"社会叛逆者阿健"。

成功如此美妙，年少时的"美国梦"也得以实现，1969年他受好莱坞邀请出演电影《战火熊熊》。

时移世易，义侠片的风光最终还是在20世纪70年代转入黯淡。随着经济现代化完成，人们的观影口味更趋向现实，之前那种矫枉过正的男子汉美学毕竟太理想化了。

事业迷茫期，高仓健又遇到让他人生发生重大转变的挫折。1970年一场漏电引起的大火吞噬了高仓健和妻子的住宅，也摧毁了他们本就因为隔阂而岌岌可危的婚姻关系。他们分居，次年离婚。"烧掉的房子倒不值得惋惜，但这却使我感到人生无常。从那时起，我的人生观就有所改变。"

1976年，高仓健退出电影公司，"一代英雄隐退了"的声音见诸媒体。言外之意，外界不认为他能东山再起，毕竟他已经45岁，而观众总是喜新厌旧的。

不过，高仓健总是时代的宠儿而非弃子，第二年他就卷土重来，过去通过激烈动作表达抗争的社会叛逆者形象消失了，取而代之的是真正成熟的男人。

不再演清一色的英雄，《幸福的黄手帕》中他扮演刑满释放的普通男子。"这好极了，我非常理解这个角色，这就是生活中实实在在的人，一点也不做作。"导演山田洋次形容崭新的高仓健，"他那对眼睛有一股勾魂摄魄的魔力，他的眼神里载满了悲哀和喜悦。"

到1982年的《海峡》，他甚至已经不需要依靠眼神表达了。影片最后是他标志性的背影，日本媒体称赞他是"唯一一个能用背影演戏的人"。

▓ 敬谢但不接受供花

不同于那些镁光灯下侃侃而谈的明星，高仓健在角色之外把自己藏得很深，回避一切和私生活有关的问题。

硬汉面目下的柔情，他的思念、他的感慨、他的忧伤，只能从文字中窥探——好在，这位演员喜欢写作。

高仓健一共出过6本书：《孤雁行》《在旅途中》《南极的企鹅》《期待着您的夸奖》《高仓健的独白》和《想：演员生活50年》。其中写给母亲的《期待着您的夸奖》为他赢得了1993年第13届日本文艺大奖的最佳随笔奖。

和他平实而细腻的文风一样，这位久居名利场的日本国宝级演员，难得地保持着一种超脱环境的朴素，几乎像是活在娱乐圈的古人。

他憧憬海明威的生活方式，"我不外出旅行就无法生活，一听到旅行，我的脑海中就会突然浮现出地炉。红色的火焰跳跃着，多么舒适、安逸。我没有奢望，平平凡凡已觉得足够。"

他描述他的偶像亨利·方达"笑容可掬、温和亲切，带有一种真正的伤感表情"。

义侠片时期合作的日本导演山下耕作认为他是真正有"侠气"的人，而在张艺谋眼里，他有着古典的"士"的精神。拍《千里走单骑》，每天结束自己的戏份，高仓健并不回去休息，而是默默站在远处陪伴还在工作的团队，70多岁的人站3个小时，等队伍收工上车，他遥遥鞠躬，独自离去。电影拍完，他把价值不菲的手表送给打伞的农民说"你辛苦了"。

2008年张艺谋执导北京奥运会开幕式，高仓健亲自送来一把刀，"跟北京的房子一样贵，从锻造到制作全部是日本国宝级的工匠，用了一年时间给我锻造……悄悄一个人买了机票，不告诉我，一下就到了北京"。

后来张艺谋听说，高仓健还在东京的大雪天驱车七八个小时，去寺庙"祈愿北京奥运会开幕式成功"。"整个大殿只有高仓健一个人，默默陪着老和尚站了近两个小时。"

"我以前跟他没有见过，只是他的粉丝，我们见面以后都互相喜欢，所以就这样对待。"张艺谋说。

前妻江利智惠美最后死于酗酒，下葬之日，刚好是高仓健51岁生日，也是他们的结婚纪念日。1999年，高仓健出演《铁道员》时有男主角用歌曲表达对亡妻怀念的一幕，高仓健提议唱《田纳西圆舞曲》，那是江利智惠美曾经的成名作。

他不曾再娶，这被一些报道当成爱情典范，但对他来说只是无尽的追悔和遗憾。"世上不会有人比她更宝贵，明知如此，不知为什么，反而会做出深深伤害她的事。"

硬汉选择孤独走过余生。当听到田壮壮说自己礼拜天会陪陪孩子时，他说"这是最奢侈的生活方式了"。高仓健没有孩子，也没有家庭。

生前不管去哪儿拍戏，他会带上儿时和母亲的照片，用鲜花供奉。而在他自己到达终点时，他更愿意静静离开，"敬谢但不接受供花"。

2005年电影《千里走单骑》剧照。

‖‖‖ 高仓健主演电影

《追捕》

佐藤纯弥导演，1976年在日本公映，两年后作为第一部引进片进入中国。片中高仓健饰演检察官杜丘，因其沉默却正直阳刚的形象而成为当时被广泛效仿的对象。

《幸福的黄手帕》

　　山田洋次导演，1977年公映。高仓健饰演的煤矿工人勇作失手打死流氓被判入狱，在狱中与妻子离婚。出狱前，勇作给妻子写信约定，如果还在等他就在门前挂一块黄手帕。高仓健的平凡男人形象在影片中大获成功，感动了众多观众。

《千里走单骑》

　　张艺谋导演，2005年公映。高仓健在片中饰演一位与儿子关系不睦的日本父亲。为了在儿子生命的最后时刻表达自己的爱意和忏悔，走上了一段自我心灵的救赎之旅。高仓健一生未有子女，却将父亲一角刻画得入木三分。

《致亲爱的你》

　　降旗康男导演，2012年公映，是高仓健生前最后一部电影。片中，他饰演的狱警仓岛英二，为了完成亡妻"将骨灰撒到故乡大海"的遗愿，走上了一趟充满追忆的旅程。

（2014.11.25）

下

篇

容我做件我爱的事

林青霞：最难演的是自己

《东邪西毒》20年后，年满60的林青霞还在探寻自我。她感谢时间，让自己从不快乐的女子，变成了快乐的妇人。

本刊特约撰稿 / 戴舒华

ⅢⅢ 60岁的林青霞在干什么？

她在香港文华东方酒店看钟楚红摄影展，穿着修身黑色连身裙搭褐色披肩，手拿价值40万元的黑色爱马仕铂金包，爽快地买下两幅作品，被香港媒体赞曰"尽显富贵大气"。

几天后，她又在海南中学为学生展示书法，身穿白色衣裤，背一个质地粗糙的黑色双肩包，发型随意，素面朝天，乍一看与邻家阿姨无异。

她和好友汪玲在新加坡听音乐会，身穿一条休闲款式的无袖浅蓝色连衣裙，顶着复古造型俏皮短发，不饰珠宝，清丽雅致。她也为台湾儿童主持读书会，穿着朴素的草绿色针织开衫为孩子们读床边故事，语气温婉，和蔼可亲。

她在台北和张艾嘉等人一起K歌，穿古典风格铁灰色洋装，甫一到场便兴致勃勃地一口气高歌了五六首，据称"嗓音嘹亮，中气十足"。

她和作家董桥、章诒和聚餐，为淘一件打折的绿色连衣裙而迟到许久，最后像个小姑娘似的双手扯着裙边、跳着舞步进了饭店包间，得意地伸出三根指头说"只要300块"，弄得等了半天的董桥只好无奈地来一句"谁能信，这个人快60了"。

她还爱上熬夜写作，常常从凌晨两点一直写到天色发白，在报纸专栏里回顾记忆深处的人与事，细节活灵活现。

2014年，距离她拍摄最后一部电影《东邪西毒》已过去整整20年，但林青霞的一举一动依然备受瞩目。早在7月初，媒体便开始热炒富商老公送她一栋价值11亿的豪宅做生日礼物，但更受期待的还是她送给自己的一本书。

在这本散文集《云去云来》的封面上，作者林青霞以侧面出镜，大V领黑色上衣，稍显性感，全黑背景上浮现出的优美轮廓清雅简约。新书序言中，林青霞写道："人生很难有两个甲子（60岁），我唯一一个甲子的岁月出了第二本书，当是给自己的一份礼物。"

60岁的林青霞，老了吗？

热爱她的人觉得这个问题可笑，但人们也不会对那些素颜照片上露出的鱼尾纹、法令纹、嘴角木偶纹和发福体态视而不见。

然而对林青霞本人来说，这一切恐怕不再重要。早在2000年接受日本记者铁屋彰子采访时，她就表示："对我来说，一个人只有在行为举止与内在感觉和谐一致的时候，精神层面才有可能达到最快乐的状态……从影生涯初期那些年我一直很不快乐，因为我失去了真正的自我，甚至忘记真正的自己是什么模样，我把自我扭曲又扭曲，迎合我的公众形象，那就是我不快乐的原因。只有等到我决定接受内在的自己之后，表里合一，才找到了快乐。"

2011年，林青霞在处女作《窗里窗外》中写道，"（我）演过100部戏，100个角色，最难演的角色却是自己。"但现在，跨入甲子年的林青霞看起来不再惆怅。她依然千变万化，却已褪去浮华，就像她孜孜追求的那样，活出了最本色的自我。

‖‖ 既然老公都不嫌我胖

"美是天才的一种形式，比天才更直接，因为它无须证实。"在绝大多数人眼里，林青霞就像英国作家王尔德所说的一样，她的美只需呈现，不需证明。

网上流传的各种溢美之词已经为人耳熟能详。金庸形容林青霞的美"无人可匹敌"，琼瑶说她所认识的林青霞"美丽、飘逸、青春、纯真，充满了灵性"。徐克说，50年才能出这样一位大美人。吴宇森说，没拍过林青霞就不算真正拍过电影。王家卫说，林青霞，注定是大明星，她无论在哪里出现，都会发出光芒。

林青霞的美千变万化。她在20世纪70年代早期的台湾银幕上以"不食人间烟火"的清纯美示人，琼瑶式戏剧角色彼此呼应。她通常长发如丝，眼睛澄澈，为人娴雅缄默，如一朵出岫的云，被视为"玉女"圭臬。

20世纪80年代的林青霞历经情感劫难和纯爱剧没落，开始尝试都市片和各种先锋实验片。此时，她的形象变得更加神秘而富有层次感，带着优雅从容的成熟韵味。

　　到了香港武侠片时代，林青霞终于释放出自己潇洒狂野的中性一面，她一直拒绝修剪的浓眉、炯炯有神的双眸及略带硬朗的轮廓，帮助她塑造出英姿飒爽、凄迷浪漫兼具诱惑的异样美感。

　　林青霞的美能历经岁月变迁而不褪色，正源自这种丰富性。像周星驰所说：当青霞穿起女装时，就是最美丽的女人，当青霞穿起男装时，就是最靓的男人。

　　但也许没有人比林青霞的高中好友陆玉清形容得更为入木三分。她曾撰文写下高中时全班在阳明山郊游的情形，远远看着林青霞独自在开满樱花的林子里走着，觉得这个女孩非常特别。那时候，林青霞只有16岁，一个时代还未开始，她甚至刚刚开始发育。但陆玉清写道，林青霞的美"有别于其他女孩子。一种比较深沉的美。很多美丽的女孩子，穿着漂亮的衣服、脸上化了妆。要变美丽并非难事。可是，既美丽又独特是很少见的。那一刻她就是非常独特"。

　　这也正是"林迷"最为推崇之处。漂亮的女人很多，但很多都需要外在事物加以点缀——昂贵的首饰、精致的妆容、花哨的衣服。而林青霞似乎什么也不需要，就算只披一件白色围巾站在海边，她还是会引人注目。

　　林青霞年轻时的爱美也是出了名的。虽然她一直不愿自诩美丽，只以"清纯"自居，但在铁屋彰子采访其多年好友贾安妮时，对方爆料说，"每回我们出门吃饭或相约碰面，林青霞老是迟到，因为每次出门前，她都要花一个半小时的时间化妆，往脸上抹十几种化妆品，但化完了以后却像没化妆一样。"林青霞在一旁笑着补充，"因为过去我得确定自己看起来完美无缺才愿意出门。我以前会花很多很多时间打扮，所以过去的我没有……没有半点儿安全感。"

　　这份美丽固然愉悦了众人，但对本人来说，也有着不可言说之惑、之痛。当然，并非所有人都是林青霞的崇拜者，尤其当青春远去，关于她五官和身材缺点的议论也多起来。这类批评总是会引起林迷的反驳。对此，林青霞恐怕会有点哭笑不得，因为她自己早已放下"青霞之美"的重负。

在一次采访中，林青霞主动提起自己身材发福一事，笑着说："（我）自小就想胖，因为瘦到像埃塞俄比亚的饥民，畸形古怪，所以很讨厌瘦，和我先生一起后，整个人放松，做人舒服吃东西就有滋味，肉就长出来，我从来没见过自己的脸这么圆，手和腿这么粗，蛮有趣呀，直到有天施南生（徐克太太）找我出来作严重警告'你不能再胖下去了！'老公倒无所谓，顶多有次告诉我'你知不知道自己有多胖，我不介意，我只是提醒你。'……那我觉得连老公都不介意，便不需要理会任何人。"

⫼　港台电影工业的遗憾

1974年农历春节，台湾大小城市的诸多观众，对放大成整幅电影海报的一张少女面容惊艳不已：一个崭新的名字，有如春雷炸响，不但抢尽了同台演员的锋芒，更攫夺了台港两地所有当红女星的票房声势。凭借电影《云飘飘》，林青霞一炮而红，她迅雷不及掩耳的走红速度，成为数十年间华语影坛津津乐道的传奇。

但这也让她坠入美貌和名气制造的藩篱。哪怕最拥护她的粉丝，也可能会认为她的演技缺把火候，导致她缺少一部真正具有分量的代表作。

在《新龙门客栈》里，张曼玉光彩照人，完全掩盖了演对手戏的林青霞，这部经典之作始终列在张曼玉的代表作之下，而非林青霞。

在《重庆森林》里，王菲的洒脱率性再次削弱了林青霞的光辉，成为影迷念念不忘的焦点。在巨星云集的《东邪西毒》里，张国荣成为无可争议的最亮点，林青霞的表演虽然可圈可点，但似乎还是无法和张国荣塑造的角色平分秋色。

但林青霞对待演技的诚恳和深刻不输任何一个实力巨星。

在拍《笑傲江湖2：东方不败》之前，她特地请来京剧老师，学习怎样运用"凌厉的眼神"。拍摄《东邪西毒》时，她天天缠着习惯边拍边构思的王家卫要剧本，表示一定要做好充分准备，结果王家卫实在没办法，只好给了她一个临时剧本。为了扮演好《金玉良缘红楼梦》里的贾宝玉，她不仅请张叔平专门讲解红楼人物，还通过学习昆曲来练习身段和走姿。

在接受铁屋彰子采访时，林青霞聊起了对自己最重要的两部作品。一部是《滚滚红尘》，林青霞说，"它的重要倒不在于让我得了金马奖，这是一部幕前幕后搭配得很整齐、角色设计得突出而完整，并且在发挥上拥有充裕空间的戏，对于一个演员来说，很难再遇到一次这样扎实的组合。"第二部是《暗恋桃花源》，这部剧的重要"在于借由这一次的演出经验，我获得足够的机会去学习我始终缺乏的、专业的表演训练，和赖声川导演共事的那段时间，所领悟到的舞台心得，比我以前的自我摸索有效率得多，也准确得多"。

即使在演早期爱情文艺片时，琼瑶也已经对林青霞的演技赞不绝口。琼瑶说："林青霞不光只是个美丽的女演员而已——她不必说半个字，只用眼睛或表情就能诠释女主角的情感。正因为如此，她在年轻女孩心目中才会成为美梦一般的人物。她们对青霞很仰慕，想要成为像她一样的人。"

无独有偶，在美国人威廉·托尼所著的传记《林青霞——最后的东方巨星》一书中，他将林青霞与美国默片时代巨星芭芭拉·斯坦威克和玛莲娜·迪特里茜相提并论。"她几乎是一个默片时代的明星，"威廉·托尼在书中写道，"她能用一个眼神、一个甩头或一个站姿来表达人物内心，这在当代电影界实属少见。"

1992年上映的《笑傲江湖2：东方不败》至今仍被奉为经典，林青霞在其中展现了一直以来被低估的演技。

大量没有台词的场景不仅没有成为她表演的障碍，反而使她从更深层次来演绎这个极其复杂的人物。她以高超的控制力，完美地传达出当一个男人变成一个女人时，心理上的剧烈变化和自我迷失。与此同时，这个丧失自我的人物还拥有了控制世界的力量，他蹂躏他人，也玩弄他人，以别人的反应来重塑对自我的认识。最后，他还爱上了另一个与他敌对的男人。如此超出想象的高难度角色，林青霞胜任了，使之成为香港武侠片中不可忽略的形象。

林青霞曾说，自己羡慕巩俐，因为巩俐运气很好，所拍影片总能给她很大的发挥空间。可以说，林青霞的遗憾是港台电影工业的遗憾。无论台湾还是香港，都以疯狂态势大量炮制粗制滥造的商业电影，打造速成肤浅的明星制度。只要演员饰演某个角色成功，那么接下来就会被不断强行安排类似角色，以至于丧失了拓展演技的空间。

年过30岁时，林青霞开始意识到这个问题。1985年以后，她迁居香港，减少演出量，并选择多样路线的片种，从惊悚片《爱杀》、喜剧《刀马旦》、动作片《警察故事》到伦理片《今夜星光灿烂》，由此成为女星中最勤于开拓表演空间的一位，并终于在20世纪90年代突破形象束缚，实现蝉蜕转型。

▓ 从不快乐女子到快乐妇人

离开娱乐圈多年，林青霞已不再拍戏，也很少出现在公众视野中。她更多地将心力投注在了"心灵、内在的修养"上。

在自己的散文集《云去云来》中，她平和而愉悦地记录着从每日生活中生发出的感悟。

她学会感受平凡之美。"有一天下午起床，太阳还没下山，我穿着睡衣，推开房门，懒洋洋地靠在阳台边，阳光洒在我的身上，微风轻吹着我的衣裳，是那么的轻松自然。我闭上双眼听到了各种鸟的歌声，枝头上的，天空飞翔的，高的、低的、远的、近的。我几乎可以分辨得出它们的位置所在。鸟的啼声夹杂着附近石矿场大卡车搬运石头的轰鸣声、马路上的喇叭声，平常这些声音都存在，但是从来没有静下来认真地听过。这一刻我好轻松自在。"

她学习书法。"一拿起笔七八个小时，有一天我居然写着写着睡着了，突然间感觉笔掉到身上，后来醒来的时候一身雪白的睡衣沾满了墨汁，手指甲也是墨汁，其实我心里很欢喜，我想我有墨水了。"

她也学绘画。"临摹吉米的漫画，经常一涂就涂到天亮，有一回特意用眼影上色，下楼送给吃早饭的三个女儿，女儿把画儿贴在各自的房门上，一贴好多年。"

但最让她着迷的是写作。"写不好就把稿纸搓成一团往地上丢，丢得满地一球一球的，感觉就像以前电影里的穷作家，很有戏。"梳妆台也是她的书桌，她认真、投入，甚至到忘情。一次在外面吃完晚饭回家，经过梳妆台，她突然想起什么，生怕自己一会儿忘记，马上坐下来抓起笔，不知不觉写了几个小时，直到窗外传来鸟叫声，才发现天都亮了。再看看镜中的自己，脸上的妆还没卸，钻石耳环还在耳畔摇晃着，身上是一条蓝色丝质褶子裙，脚上还穿着高筒靴。时间已是六点半，是女儿的早饭时间，赶忙下楼。两个女儿见了她，倒是一点不吃惊，只淡淡地说："妈，你又在写文章啊？"

"给自己时间去了解你是什么样的人，这样比较好。一旦了解、认清自己，也接受自己，你就会快乐得多。这就是使我从不快乐的女子变成快乐妇人的过程。"微笑着说出这句话的林青霞，无论从哪个角度看，都是美丽的。

老大嫁作商人妇

1994年夏天，林青霞和相识半年的香港富商邢李源闪电结婚。彼时，身为香港思捷（ESPRIT）环球控股有限公司董事主席的邢李源已有过一次婚姻，并与前妻育有女儿邢嘉倩。

婚礼在美国举行，林青霞佩戴卡地亚1920年出品的全套钻石首饰，婚纱由两人专程飞往巴黎Chanel（香奈儿）订制。婚后，林青霞在42岁、46岁时先后诞下两个女儿，分别取名邢爱林、邢言爱，皆寓意邢李源深爱林青霞。

一家人现居于香港飞鹅山。8年前邢李源斥1.3亿港元购下山脚一块逾5万平方英尺的地皮，并豪掷6亿元打造"私人皇宫"作为两人结婚20周年的礼物。

1973年的电影《窗外》是林青霞的处女作，并未公映。

王祖贤（左）、林青霞（中）、刘嘉玲（右）在电影《东邪西毒》拍摄现场。

电影《笑傲江湖2：东方不败》剧照。

（2014.11）

张曼玉：容我做件我爱的事

时间将张曼玉雕刻成了真实而从容的女人，有着八级大风也吹不灭的生命力。

本刊记者/陈雨

2001年央视春晚，张曼玉是一阵温和而神秘的风。

那一年，她在舞台上和梁朝伟牵手演绎了电影《花样年华》的主题曲。梁朝伟穿着白色西装，眼中依旧深情款款。张曼玉一身深色衣裙，扭头、微笑，和电影中的苏丽珍一模一样。

虽然嗓音单薄，气息不稳，但她完美地满足了人们对那个穿着旗袍、神情忧郁，"渴望一个笑容，期待一阵春风，你就刚刚好经过"的香港女人的期待，也成全了一对备受瞩目的银幕情侣在银幕外的执子之手，深情相望。

但这一次不同。

2014年5月3日，草莓音乐节最后一天，八级大风在北京通州运河公园的山坡上肆虐。

晚上7点半，穿着连身短裙、黑色外套的张曼玉踩着乐队的伴奏走上主舞台。不出意外的话，她还会像两天前在上海时那样，笑着朝人群打完招呼，开始用低沉的嗓音唱不那么在调上的歌。

台下的人都做好了心理准备。

两天前，上海草莓音乐节首日，张曼玉的一曲《甜蜜蜜》出乎了很多人的意料。嗓音之低沉、走音之严重和她一直以来的优雅形象大相径庭，甚至有人说，"这是被上帝放弃的声音"。

"在上海的演出不是那么理想，走音走得蛮多的。"舞台上的张曼玉用不太标准的普通话坦白着，"我用拼音百度了一下怎么在草莓音乐节不走音，可是查不到。可能是我拼音打得不好，或者没有发生过（这样的情况），这个资料还没有放上网，所以今天还是会跟前天一样，还是会走音，但我会努力的。"

张曼玉的声音里有一种真诚的歉意和可爱的潇洒，台下一片笑声，继而是欢呼。

那一天，张曼玉49岁7个月零3天了，站在年轻的乐手身边，她反倒成了那个第一次登上音乐节舞台的新人，向观众要着"20次唱歌的机会"。

前两首歌并没怎么走音，似乎印证了摩登天空老板沈黎晖关于"张曼玉上海表现不佳是因为舞台返送有问题"的说法。唱到第三首歌Stay时，大风将顶棚掀起了一个角，舞台上飞沙走石，灯在顶上摇摇欲坠，奇怪的绳子皮带满天乱甩。舞台导演问站在一侧的沈黎晖，"是暂停，还是全停？"

已经有东西不断掉落在舞台上，为了安全，沈黎晖选择了全停。

台上的张曼玉还在讨价还价："他们叫我不要唱，因为有点危险，我站在旁边唱（行不行）。"

风更大了，舞台导演将她拦腰抱走。

"我不想停！"这是张曼玉在北京草莓音乐节上的最后一句话。

⦚⦚ 高到上心口的高腰裤

张曼玉拒绝了一切采访邀请。

"我有了10首歌，我该拿它们怎么办？有人跟我说，你应该出个专辑，但是我不想这么做，因为一旦如此，我离开电影行业所逃避的琐事，又会缠绕在我身上，比如接受一整天的采访。对不起我这样说这件事，但这一点也没有趣味。"她曾在4年前的一次采访中说道。

从3月18日第一次传出张曼玉签约摩登天空的消息，到五一草莓音乐节演出结束，张曼玉始终和采访绝缘。她三次从香港飞抵北京，每次停留的两三天时间全部用于排练。

和张曼玉签订唱片约的摩登天空同时是草莓音乐节的主办方，为了让她五一顺利登上音乐节舞台，公司将"重塑雕像的权利"乐队的吉他手华东、键盘手刘敏、原郑钧乐队吉他手夏炎、"刺猬"乐队前贝斯手博谨、日本爵士鼓大师IZUMI五位乐手组成了一支新的乐队，为张曼玉保驾护航。

在位于北京苹果社区的地下排练室中，张曼玉和乐队的排练时间是从中午到凌晨。

排练中的张曼玉非常放松。在不需要演唱时，她会突然拿出一把道具吉他或一副沙锤玩起来，比正在独奏的乐手还享受。

乐队为演出安排了一首安可曲，每到这时，张曼玉都会即兴发挥，演绎出歌迷迟迟不肯离去的情景。"她会开玩笑似的说：'好了好了，不要求了，那好吧，既然你们求得这么辛苦，那我们就再多唱一首好了。'"博谨告诉《博客天下》。

"有一次她对排练不太满意，就问我说，可不可以不演了。"沈黎晖在一次采访中说道，"她一边说，我一边在吃东西，（我紧张到）把她的东西都吃了。但她其实是在吓唬我。"

至今回想起来，沈黎晖依然认为和张曼玉签约是件非常不可思议的事，而促成合作的"背后推手"正是张曼玉本人。

"不是每个机会都会在门口等你，你必须要自己去找。"49岁的张曼玉，依然在为自己的渴望争取着更多的可能。

她的第一个电话打给了宋冬野。她听过《董小姐》，很是喜欢。"有一天公司同事接到一个电话，说要找我，对方是张曼玉，大家都被吓到了。"宋冬野曾在采访中回忆道。

凭《董小姐》意外走红的宋冬野坐享了成名的喜悦，却没有想到这首歌将带给他如此巨大的连锁反应。在和张曼玉见面后，宋冬野将音乐品味和自己相近的她引荐给了沈黎晖。

第一次聊天中，张曼玉表露出了对英国Trip-Hop（一种欧洲的跳舞音乐）乐队Portishead以及法国的电子组合Air的喜爱，这不仅跟沈黎晖的喜好相似，也和摩登天空做音乐的类型非常接近。在听了五六首小样后，沈黎晖直接对她说："你签摩登吧！"

但沈黎晖不明白，生活在唱片业发达的香港，张曼玉为何会跑到北京来出唱片，"她认识太多音乐行业的人，想签环球、华纳是分分钟的事，而且她是香港的，我们对她完全是另一个世界，她为什么会选择了一个内地的独立厂牌呢？"但他"没好意思问"。

2014年5月1日，上海，张曼玉献上草莓音乐节处女秀。

对于张曼玉来说，这却是顺理成章的事情。

自小在英国长大的她，经历了华丽摇滚征服整个英伦的年代，大卫·鲍威取代了披头士，成为新一代年轻人的偶像。然而来到香港之后的张曼玉却并不唱歌，她与香港的唱片工业格格不入——她的声音是传统上的五音不全，而香港唱片工业要做的则是那种唱别人写的词曲，以反映都市女性心声的，驯服的、商品化的流行音乐。

唱歌的目的不是为了表达自己，而是成为更璀璨的明星——张曼玉拒绝了这种工业制度。这位曾坦言因为虚荣而入行的女孩，对音乐的态度比对电影的态度要更加谨慎。

"香港的娱乐圈是个很紧密的圈子，没有空间给'个性'。比如说，有艺人喜欢穿一条高到上心口的高腰裤，一定会被批评到不敢再穿。这个环境中太多焦点错误的负面批评，已形成了一股破坏性的压力。"她曾在采访中说。

张曼玉穿着这条"高到上心口的高腰裤"去了草莓音乐节。第二天，网络便被"张曼玉唱歌跑调吓走粉丝"攻陷。

⦀ 像玛琳·黛德丽一样唱歌

2003年之前，音乐是张曼玉的"禁地"。

和朋友一起去KTV时，她是不被允许唱歌的那一个，一旦开了口，周围的人都会做出一副"好冷"的样子。"虽然知道大家是在开玩笑，但是我懂得这里面有真的东西，我有自知之明。"张曼玉说。

她在光影中独自美丽，在时间的雕琢下越发优雅，但她几乎从未开口唱歌。

2003年，张曼玉在前夫、法国导演奥利维耶·阿萨亚斯的电影《清洁》中出演一位有毒瘾的单身妈妈艾米丽。过气摇滚明星丈夫吸毒早逝，艾米丽因携毒被判6个月监禁。为了和儿子重聚，她戒毒，找工作，努力成为一名"清洁"的母亲。

在电影中，张曼玉瘦削，爆炸头，时常夹着烟，以一种前所未有的颓废形象出现。而在由格莱美得主Brian Eno和迷幻电子大师Tricky操刀制作的电影原声带中，她演唱了四首歌，歌声也同样令人意外。

她呈现出一种完全没有受过训练的嗓音特质。比起2001年春晚上的《花样年华》，此时的张曼玉，找到的是自己想要唱的东西，她的声音像电影一样，有情绪、氛围和质感。

这得益于她在拍摄《清洁》时结识的迪恩和布瑞塔夫妇。这个在纽约小有名气的夫妻档独立乐团不断鼓励张曼玉唱歌。

"张曼玉在中国、法国都是大明星，但是在纽约她很自由。"布瑞塔还记得三人第一次见面的情景，"她到我们纽约的公寓来找我们，我们一起一边喝茶、抽烟，一边聊天。大家彼此交流不同意见，尝试着去写一两首歌。"

迪恩告诉张曼玉，唱歌其实并不难，就像很多明星的照片一样，都是可以通过Photoshop（修图软件）这样的软件，在电脑上修修补补以达到最好的效果。很多有名的音乐人，他们的歌声也并不完美，也要经过修补。

张曼玉的兴趣被点燃了。

在拍摄影电影《清洁》时，她第一次走进录音棚。"我以前认为自己做不到，但是现在我突然觉得，唱歌真的很单纯。不像电影，不会有一堆人围着你运镜，更不会为别人的失误而糟蹋了自己最好的演出。"她说。

这部电影为张曼玉赢得戛纳电影节最佳女主角的桂冠，同时也为她打开了生活的另一扇门。《清洁》之后，张曼玉没有在真正意义上接拍过任何一部电影，她将生活中的主要时间用在了唱歌和开发新的兴趣上。2003年10月，她在好友Jeanne（《清洁》中扮演她的旧同事）的个人专辑*Paramour*中，合唱了一曲*Helas*。

"我不想到死的时候才想到原来我一辈子只会做一件事情，我是个演员，我没能成为一个母亲。"张曼玉说，"所以我必须要寻找生命中其他更有意义的事情，可以是剪辑师、摄影师、作家、画家。你知道，我可以做任何职业，我需要多学会一两件事情。"

她花了两年时间学习如何剪辑、录音，如何在电脑上做音乐，家里到处放着小本子，随时有灵感，就随时记下来。

迪恩和布瑞塔夫妇继续为张曼玉录制个人专辑。

"张曼玉的专辑也许会很朋克，也许很即兴随意。"布瑞塔说，"她完全可以走德国女星玛琳·黛德丽的风格路线，穿裤装，抽香烟，歌声性感而低沉。"

2012年底，戴着红礼帽，穿着马甲、皮裤的张曼玉在北京*Vogue*杂志120周年庆典晚宴上用实际行动印证了这个预言。她自己创作并用低沉粗重的嗓音演唱的*Visionary Heart*带着浓重的后朋克色彩，压得人喘不过气来。但舞台上的她始终开心地笑着，极其松弛地晃动着身体，跟随节拍拍着手。

对于张曼玉来说，唱歌、进录音棚是一件比演戏要自然得多的事，不用化妆、造型，不需要用脸来表演。但是对于自己的嗓音，她还不够自信："我不是那种声音很好听的人，所以要唱歌，我能给的只有感情。"

在为张曼玉录制专辑的时候，布瑞塔被她的声音感动哭了。

▌ "我不要那么完美"

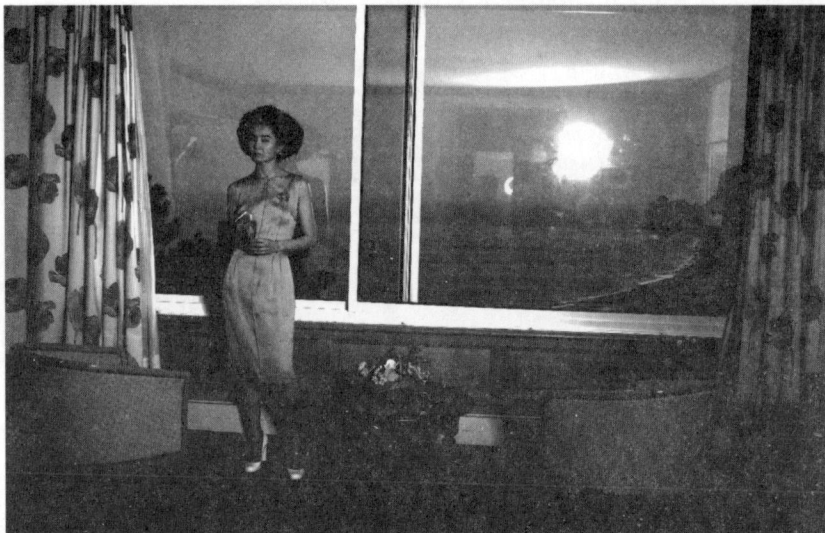

2008年5月，张曼玉在法国戛纳。

"我是在不演戏之后开始找到自己的。"张曼玉曾如是说。

不演戏后的张曼玉生活在法国巴黎。每天早上9点起床，回复一些邮件，打电话回香港处理事务，但绝不见人。中午和朋友吃过饭后，她会花一下午的时间学感兴趣的东西。在巴黎的时候，她常常被人看到抱着法棍面包坐地铁，或是在街边的小餐厅里吃一块奶酪面包，在过道里点起一根烟。晚上她一般会去看戏。

"法国就是这一点好，一定有戏看，什么戏都有！演唱会也好多，我也好喜欢看。这几年我演戏不多，主要工作是做做模特，这里站一站，那里出来站一站。其实，在戏里已经过了好几辈子的人生，我不要那么精彩的生活。"她在一次采访中说道。

这是在香港时的张曼玉所无法想象的。曾志伟曾经在接受采访时感叹："看着张曼玉就觉得可怜。"在他眼里，她在香港失去了自由，不能逛街，不能出去吃饭，家门口蹲着的都是狗仔队；她出去旅行，酒店隔壁的房间都被记者包了圆。

"她一直在逃，从香港逃到了法国，逃到了北京。"曾志伟说。

2007年，因为恋爱，张曼玉中断了正在录制的专辑，和当时的德国男友一同搬到了北京，开始享受隐匿在胡同里的乐趣，尽可能地尝试那些在香港不能做的事情：坐地铁、逛超市、买菜煮饭。

印象中总是穿着礼服、戴着昂贵珠宝的优雅女人也能熟练地辗转于灶台之间，鱼香茄子、蒸排骨、炒鸡蛋、牛排、沙拉、意大利面都是拿手好菜。

"在北京，我跟人接触，不论他们是否知道我，我都觉得很真诚。他们不以我的外在来评价我，我不想总是处在戒备、防卫的状态之中。"张曼玉曾在采访中坦言，她在北京找回了自由。

对于张曼玉来说，这样的自由和平淡已经不仅仅是昂贵的，而是奢侈的。

19岁获得香港小姐亚军，20岁起涉足银幕，张曼玉拍摄了75部电影，甚至曾有1年10部的产量。整个20世纪80年代到90年代中期，片场和汽车成为了她睡觉的地方，她没有真正享受过自己的生活，没有假期，没有娱乐，没有主见，没有信心，有的只是男朋友。

在演艺事业渐获肯定时，她隐隐感到，"如果不能为自己活着，就有些晚了"。31岁的张曼玉为自己放了假，去法国旅游。

"年轻的时候，野心比较大，不让自己有停下来的空白。不知不觉中，压力就一点一点积累到令自己喘不过气的程度。所以，我允许自己的人生有空白的阶段，而且将这种空白视为生活过程中的一种沉淀。一个容器放得太满不是一件好事，更何况是人的情绪？"她曾在采访时回忆自己的状态。

慢下来的张曼玉打开了一扇从容生活的门。在同时代女星或嫁入豪门，或难觅踪迹，或拼命地扮嫩，或端庄地逢场作戏时，她像一个无所畏惧的年轻女孩一样，自由自在地尝试。

2005年，张曼玉穿上职业套装，走进写字楼，和白领一样坐班，担任香港IZZUE品牌设计总监。但她不满意这段经历，还发誓"再也不做了，时装设计不是我的兴趣所在"。

2007年，她和宝洁公司大中华区副总裁黄文丽喝了一次下午茶，谈到"女人想比男人成功，要走的路更艰辛，很多年轻女孩子应该也有同样的困惑"，因而推出鼓励女大学生创新的基金项目。

2008年，张曼玉从巴黎飞到北京，转机到昆明，再坐车颠簸5个多小时，到达距离昆明270公里外的会泽县娜姑镇则补村，在当地支教，做了一名美术老师。

2012年，她在台北奉献了自己的DJ处女秀，现场播放了迈克尔·杰克逊的*Billie Jean*等作品，虽然自称很紧张，但表现还是惊艳全场。

"她已经到了另外一个阶段。和我们接触的张曼玉不一样，当时她拍了很多电影，需要被认可，需要建立自信，但是现在一切都已经建立起来了。"香港导演关锦鹏曾在接受采访时表示。

现在的张曼玉始终和人群若即若离，在生活面前，她牢牢地掌握着绝对的选择权。她几乎不再拍戏，即使是姜文、贾樟柯、王家卫的剧本；她很少出席活动，虽然一出现就是全场焦点；她还在恋爱，因为年龄永远不是问题；她将在50岁开始录制自己的唱片，只是为了玩得开心。

在香港导演林奕华眼中，张曼玉对待生活和工作的态度和她的声线一样——低调但又韵致无穷。她早已不是那个有些婴儿肥的、甜美而拘谨的年轻港姐，时间将她雕刻成了真实而从容的女人，有着八级大风也吹不灭的生命力。

"我就是不要那么美，那么完美。我不想让大家觉得：张曼玉始终只是一个样子，没有感情，没有渴望，没有失败，只是完美地走来走去。"她说，"我希望拥有粗的，强的力量，有胜过虚伪的美丽。"

‖‖ 众说曼玉

任何人站在林青霞身边，都很容易光彩全无，看看《东方不败》中的李嘉欣，《天山童姥》中的巩俐。她们身上都缺乏青霞那种无人能挡的巨星光彩和王者风范，但唯独张曼玉是个例外。

——李安

她是一个表演空间很大的女演员，但也很自闭，躲在自己的世界里。我特别欣赏她在《东邪西毒》里走到窗边不说话的一段长镜头，可她说拍的时候她其实在想自己的事情。

——徐克

我觉得自己很独立，可是她（张曼玉）比我更独立；我觉得自己很坚强，可是她比我更坚强；我觉得自己很有才华，可是她比我更有才华。

——舒淇

她最吸引我的就是那种很休闲很放松的生活态度，她把生活与工作分得很开，不像有些明星，时时刻刻都拿自己当明星看。她很有女人味，我一辈子都不可能有的那种味道。

——吕燕

（2014.5.15）

汤唯：柴米油盐，酱醋茶汤

　　"女神"最看重的仍然是家庭幸福、柴米油盐。"如果没有这个托着你，什么也长不出来。"

本刊特约撰稿/邓娟

金泰勇，韩国导演，非著名，有才华——汤唯的择偶标准符合人们对她一贯的认知和期待：文艺、低调、接地气。

34岁的汤唯宣布订婚，声明就颇有韩剧家常的温暖情调：因为电影相识相知，从朋友成为恋人，以后还会称呼对方老公老婆。

在中国的女演员里，汤唯是特殊的存在。她无法归类，不与任何女星齐名，她的每一部新片都难以超越让她成名的第一部，但也没有人能撼动属于她的口碑。附加于她身上的政治色彩造就了她的坎坷，也增添了她的神秘。

"王佳芝是我们大家很多东西的投射。她是王佳芝，不是汤唯。汤唯只是一个肉身。"李安曾为困境中的汤唯正名。但在演员汤唯的演艺生命里，《色·戒》恐怕是永远破不开的戒。

她从人生巅峰跌落低谷，又凭着韧性回归。她有强大的自控能力，"她有意识地控制着自己的肌肉，笑的时候从不露出牙齿"，一个在"雪藏"事件发生后见过汤唯的知名专栏作家写道。

人们神化她的机遇、天赋和勇气，却忽略她的代价、渴望和恐惧。

"那种没人理解你的恐惧，是很孤独的。"她说她最怕的是没有人能理解自己说什么，尽管在熟悉她的娱记眼中，她从最初的无话不说，变得谨慎说话。

她订婚的消息让许多人哗然。人们并未注意到，过去她多次表示，最大的愿望是成立家庭，柴米油盐是她的向往——这与她被架空的女神形象背离，听起来使人难以置信。

在与电影《晚秋》导演的婚讯公布后，重听2年前汤唯为电影演唱的同名主题曲，歌曲如同她的心路："过去的阴影紧随我流浪……

爱情足够让两个人难忘，孤独却只有我一个承担。谢谢你，走过我身旁。"

⫴ 晚秋不晚又何妨

2012年3月23日，电影《晚秋》在国内上映，画家汤余铭用女儿汤唯送的票看了片子，回家挥毫写下："晚秋不晚又何妨"，那是汤唯演唱的同名主题曲的一句歌词。

《晚秋》是汤唯的第三部文艺电影。这对一个年过30的女演员来说还是迟了。2007年她凭《色·戒》一鸣惊人，却又迅速沉寂，隔了两年多才在《月满轩尼诗》中回归。

《晚秋》的主人公安娜是一个陷入人生泥沼的女人，因为反抗家庭暴力而失手杀了丈夫，入狱7年——看起来这和演员汤唯的生活南辕北辙，但汤唯却对角色有着异乎寻常的理解："这是一个经历了太多不如意的女人，她已经把自己的内心完全封闭，只愿在世间当一名匆匆过客，不愿去爱，也不敢去爱，但她心里并不是没有爱，她只是藏起了一切。"

拿到剧本，汤唯就在想象安娜的样子。"我想象她的眼睛是什么样的，是浑浊的还是清澈的；也好奇她麻木的面色中是否还有光亮。"

事实上，导演金泰勇写剧本时参照的就是汤唯的形象。开拍前他向汤唯要照片，汤唯说，网上都有，"我自己也没什么特别的照片"。金泰勇找来一些，贴在墙上，每天看着写。

他要求汤唯不化妆，因为他想象的安娜，要"脸上能留下岁月的痕迹"。就是这样素面朝天不加修饰的安娜，却俘获了玄彬扮演的男主角，两人在三天的邂逅里迸发了灵魂之恋。

金泰勇对安娜面貌的诠释，不免让人想起教母级女文青杜拉斯在那本著名的《情人》开篇中所描述的"比起你年轻时的样子，我更爱你现在饱受摧残的容颜"——这样的风格，和以文艺著称的汤唯，非常和谐。

回忆和金泰勇的沟通，汤唯说，最早由导演身边的助手翻译，后来汤唯便争取直接沟通，金有留学经历，两人的英语都很好。"到拍摄中期我们之间建立起一种默契，这种默契是不需要语言的。"有时拍完一个镜头，汤唯看一下金泰勇的眼神，就知道是不是要再来一遍。

为了揣摩坐过7年牢的女人真正的精神状态，一贯敬业的汤唯到真正的监狱体验，门一关，只有一个铁铸的洗脸台，一个抽水马桶，一张桌子，两张床。她躺下去，床很硬，毯子很扎手。"窗户只能看到一束光，里边的人就靠那点光活着。如果让我在那里待上一个月，可能会疯了，待上一年就都空了。"

汤唯把这些情绪一点一点地带进了电影里。她甚至找到了和自己生活相似的地方。

有一场戏，同学邀请安娜吃饭，后来知道安娜杀人坐牢，就找借口取消了约会。

"她很怀念跟同学的这种感情，同时不会去麻烦别人，我也是这样的。"汤唯说，"我也喜欢阳光温暖的生活，那是我所向往的。"

2011年，影片首先在韩国公映，汤唯随后成为获得韩国电影百想艺术大赏的第一个外国人。次年影片登陆中国，海报上的中文写着"2012年3月23日遇见爱情"。

2年多后，汤唯直接公布了婚讯，婚期在秋天。声明中"遇见爱情"的时间是2013年10月的重逢，"虽然我们都得再去学门外语……缘分来临时，绝不错过"，汤唯和金泰勇的共同声明说。

外语应该不是问题，早在拍完《晚秋》进《武侠》剧组时，汤唯已经带着韩语教材。

‖‖‖ 和王佳芝谈的一场恋爱

尽管对女星们结了、生了或离了的信息轰炸已经习以为常，汤唯平静宣布订婚还是引发了久违的讨论热度。

有人认为汤唯是"嫁得最成功的女明星"，因为比起圈子里更多见的老大嫁作商人妇的庸常选择，她从一而终地维护了人们对她的文艺期待。还有什么比文艺女青年和文艺电影导演相爱更文艺的事情呢？

不过更多的声音是，在这对顺应近来中韩演艺界跨国恋情时髦的组合中，汤唯属于"下嫁"，"用一个蔡琳（2014年6月底接受中国内地男演员高梓淇求婚）换走汤唯，亏了"。

尽管"女神"层出不穷，但汤唯无可取代，她特殊的演艺经历增加了她的复杂魅力，前无古人，恐怕也后无来者。

成就汤唯的、时至今日她仍绕不开的角色，是《色·戒》里的王佳芝。

在27岁这年遇到李安之前，汤唯已经参演了一些电视剧角色，还有一部电影《警花燕子》，但演艺成绩仍然惨淡。因为"不漂亮"，她有过两次考戏剧学院落败的经历，最后曲线救国转考导演系才挤进了中戏大门。

"她有一双清澈无比、不带任何欲望的眼睛，是能做那种事（为国捐躯）的人。"李安后来解释看中汤唯的原因。

这和话剧导演杨婷的印象一致。2005年汤唯在北京大学生戏剧节当义工，被朋友推荐去演杨婷的《切·格瓦拉》。"在我的印象中，她跟性感完全没关系，她就是一个干净的、单纯的、真诚的、执着的女孩子。"杨婷说。汤唯在话剧中饰演为理想而战的女战士，包括她之前在《警花燕子》里的警察角色，一身正气，都让杨婷感到"跟她本身的气质很贴切"。

那时的汤唯还和"风情"无缘。李安送她去学上海话、穿旗袍和高跟鞋、唱苏州评弹。

《色·戒》拍了118天，114天都在拍汤唯。李安说，最初汤唯很清纯，后来变成一个成熟女人，"我从没花过那么多时间去栽培一个演员"。

这块璞玉经过李安的雕琢，最终在影片中光芒四射。张爱玲笔下那种暗流涌动、纠结含混的心绪，男女间攻防进退、真假参半的感情角力，至少目前为止，没有哪位女演员的诠释比汤唯更精准。

《色·戒》在2007年娱乐圈的影响力几可称为石破天惊，而汤唯一鸣惊人，即使影星梁朝伟也成了她的绿叶，在日本宣传时，李安称，王力宏代表自己的脑，梁朝伟代表自己的脆弱，"汤唯代表我的心"。

不过当时《色·戒》最受争议的话题是其中的大尺度床戏。"裸戏""露点"这些字眼和汤唯的名字如影随形，她一夜爆红，也誉谤满身。

随后便是封杀传闻。2008年3月，国家广电总局下达《关于重申电影审查标准的通知》，强调"净化银幕"。巧合地，汤唯从电影、电视、广告中消失了，即使2009年受邀参加香港金像奖颁奖典礼，在央视电影频道的转播中，她的镜头也全部失踪。

为什么唯独一个女演员成为牺牲品？一篇名为《如果没有汤唯，〈色·戒〉就是一部三级片》的评论写道：封杀汤唯是在打击这个片子中代价最小的。

对于"封杀"，汤唯从未发声。只是在有记者问到"是否走出王佳芝阴影"时，她对"阴影"一词表现出排斥。

"王佳芝就像是和我一起成长的人，就像是谈恋爱，摔了跤，跌了跟头，这些都是生命里曾经发生过的事情，不管如何，都会在你的生命里留下烙印。你深深爱过的一个人，哪怕最后你们分手了，走过去了，你肯定不会忘记他。有人说得很形象，《色·戒》就像我的初恋，和王佳芝谈的一场恋爱，也是和电影的恋爱。"汤唯说。

▎ 想要的总是得不到

讳莫如深的"封杀"，众说纷纭的猜想，让沉寂期的汤唯保持着话题度和神秘感。

"我就像上证A股，疯狂地冲到了历史最高点后，稀里哗啦地崩了盘。"其间，网上流传的一篇《青年文摘》风格的"汤唯口述"描述了她从巅峰跌落、自强不息地在英国街头卖艺的经历，这篇文章以假乱真，大受好评，因为字里行间的从容和努力，与汤唯留给人们的印象十分吻合。

去英国是李安善意的安排，缘于《色·戒》让女主角陷入困境的内疚，李安说自己以前对待很多演员的态度是"过眼云烟"，但汤唯"艰困的时刻，我们将尽一切办法支持她"。香港制片人江志强受李安之托签下汤唯，送她到英国学习戏剧。

在英国，因为租房问题，她被暴躁的中介老板指着鼻子说："你以为你是女王吗？"汤唯生气地反驳回去："我不是女王，可你也不是国王。"老板推搡着叫她滚出去，"我突然安静下来，就这样看着他"。

"我在英国，就像爱莲（《月满轩尼诗》中的角色）在香港，必须内心很强大，有很强的自我保护能力，才能让自己像一棵不死草一样，倔强地生长，而不被人踩死。"汤唯说。

汤唯不爱抱怨。早在拍话剧《切·格瓦拉》时，杨婷就发现了她的情绪管理能力。"别的演员情绪崩溃都会表露出来，她从来不会表露，应对的方法就是加倍的努力。"

2009年汤唯接拍《月满轩尼诗》复出。2011年，凭借这部电影，她获得华语电影传媒大奖最佳女主角奖。

不过，在专栏作者和菜头看来，这部轻松喜剧对汤唯的价值不大，因为换谁都可以演——"国内是没有李安的，她只能去接这些破片子，骏马配上一个很烂的骑师，还能跑多快？"

起点太高既是汤唯的幸运也是她的不幸。但对于汤唯自己，能保留演员身份已经值得珍惜。在颁奖台上，没有女星们惯常的梨花带雨、感慨万千，她从容微笑，淡定开口，看不出苦情和感伤。"这是我在国内的第一个最佳女主角奖，非常感谢。"她引用鲍起静的话自勉，"平凡一点儿，踏实一点儿，演员这份工作可以做得久一点儿。"

此前，她一度出现在央视的活动中。就在人们认为汤唯"解禁"后不久，她参演的献礼片《建党伟业》最终划掉了她的名字，剪去了她的镜头。

"封杀"期间的媒体采访里，汤唯常常提到一个词：顺其自然。

"我很幸运，我忍耐力很强，父母都是这样的人，妈妈从小苦大的，爸爸一路都自己硬闯过来。我比较安于现状，生活怎么就怎么过，有什么事要做就做到最好。"汤唯说，她信命，这可能与自己的成长经历有关。小时候特别希望一些事情发生，但最后都没有。

"想得到的东西，总是得不到。后来就觉得，哦，还是顺其自然好了。"

▏▏▏▏ "没有第二个愿望超过它"

"汤唯的坎坷是她的命。她所遭遇的那些不幸和幸运都造就了如今的她。如果没有这些，你们现在看到的汤唯一定不是那个充满魅力和自信的汤唯。"陈可辛说。

坎坷也在她脸上留下了明显的法令纹，有人说她的笑带着苦相。一个知名作者形容她"长得就一副心事重重的样子"，演《晚秋》里心事重重的角色再合适不过。

许多人对她的遭遇怀着同情和怜惜，但她从来不挥霍这种感情。她不自怨自艾，也不怨天尤人，好像没有什么可怕的事物能打破她的淡定从容。

她是娱乐圈的学霸，在韩国电影颁奖礼上一口伦敦音技惊四座。视频在网络上流传，评论里都在感叹女神的"高大上"。

人们神化汤唯的语言天赋，但其实她的诀窍不过是努力和敢说。在西雅图拍《晚秋》时，为了把英音扭转成美音，她找了一个本地人做助理，抓住一切练口语的机会。有时助理问"你好吗？今天去哪儿"，她不回答，只管鹦鹉学舌，像复读机一样模仿对方的腔调，弄得那个美国姑娘惊呼："你太疯狂了！"

她的团队似乎过于谨慎，所以才会把她接受采访时口无遮拦说的喜欢吃回锅肉修改成香菇菜心。这件事发生不久后，一个娱乐记者记得，采访汤唯时她的工作人员增加了"别问任何跟菜名有关问题"的新要求，而明明前一回，"女神"还大大咧咧地在休息室里吃着桂林米粉，飘了一整个房间的味儿。

比起"女神"，生活中的汤唯更接近"女汉子"。探望中学老师，她到批发市场买水果，满满一箱子，她往肩头一扛，一个"走"的眼神，让跟在后面的朋友笑疯了。

拍《北京遇上西雅图》间隙，吴秀波请汤唯吃饭，她说想吃热狗。热狗买回来，她站在街边狼吞虎咽的样子让震惊的吴秀波直夸"吃东西挺汉子的"。

"不物质，特精神，没有那么多欲望，到现在也没有。"杨婷觉得汤唯一直都是朴素的。

另一个朋友袁鸿说她"不是用心在穿哪一季的时装、穿哪个品牌，或者走红毯的那种演员"。

她的心思都在戏上。"我不拍戏时有时候像睡着了一样，觉得这个世界上所有的事情对我来说都不再重要。等到一有戏就醒了，那个按钮按开了，开始活泛了。"汤唯在一次采访中说。

除此之外，"女神"汤唯最大的愿望是成立家庭。"没有第二个愿望超过它的。家庭对女人来说永远最重要。"她还曾经遗憾地提到自己"舍去了一些结婚的机会，失去了家庭幸福生活可以早一点开始的机会"。较早关注她的人，应该听说过《色·戒》之后，据说已经谈婚论嫁的时任男友田雨和她分道扬镳的旧事。

《北京遇上西雅图》中，她饰演的"小三"挺着大肚子，挥舞着手中的名包和美钞。但在影片宣传活动上记者问起她期待的爱情，汤唯回答："和你柴米油盐过日子的人。"

"我是不是很可笑？我以前一直以为自己什么都能承担，一直把自己当成一个男孩，"她说，"现在我才明白，原来我也只是个女孩，普普通通的女孩。"

"我想着剧中人，想着各种各样的故事，我突然意识到，到最后，最重要的不是别的，就是柴米油盐。如果没有这个托着你，什么也长不出来。"

2010年10月8日，韩国首尔，第15届釜山国际电影节，汤唯、金泰勇（中）出席电影《晚秋》的记者见面会。

⫻ 遇见

因为电影，我们相识相知，然后又从朋友成为恋人，以后，我们还会称呼对方为老公老婆。虽然我们都得再去学门外语，但这是我们最幸福的一刻，我们都相信，这让我们更了解、尊重和欣赏对方。

电影是我们最重要的证婚人，感谢支持我们的每一位朋友！也祝愿你缘分来临时，绝不错过。

——汤唯　金泰勇

（2014.7.15）

江一燕：蜗牛爬爬，来自遥远的巴马

从2007年开始，每年都有那么几天，江一燕会在长洞小学度过。她教会一群少年唱歌、画画，少年帮她维护着一颗初心。

文/王玥娇　图/尹夕远　编辑/卜昌炯

江一燕一向以文艺青年示人，黄渤称她干了"文青该干的所有事儿"。

从北京前往位于广西大石山区深处的长洞小学，需先坐3个半小时左右的飞机到南宁，然后换乘4个多小时的长途大巴赶到巴马县，再搭出租车或当地的"蹦蹦"颠簸一个多小时才能到达。在当地高速公路未开通前，乘坐大巴的时间差不多要乘以2。

这条路江一燕反复走过。从2008年起，每年她都会抽出一周到一个月不等的时间，到长洞小学支教。最初，她只想着从物质和生活上对贫困家庭的孩子们提供帮助，给他们买书包、校服、鞋子、蚊帐，与老师推荐的一些学生结对子，"第一年10个，第二年20个"。之后她意识到精神上的关怀一样重要，就开始担任代课老师，教学生们音乐、体育、手工……

7年过去，把摄影当作第二职业的她，为当地留守儿童、学校、村民等拍下的纪实影像，存储了一个又一个硬盘。而早期得到她帮助的一些学生现在已经长大，江一燕进山时偶尔会在路上遇见他们，"开着摩托车或者卡车，停下来叫你一声小江老师"。

2015年9月11日，是江一燕32岁生日。这天她举办了人生第一场个人摄影展。全场近50幅作品中，差不多有一半是她在广西山区支教时所拍，剩下的是她在世界各地的采风，其中有几张曾上过美国《国家地理》。

举办摄影展的想法来自一两个月前朋友的随口一提。"他们知道我经常出去拍片和支教，平时很少跟大家交流，就想通过这样一个展览看看这些年我都拍了什么，感受了什么，跟大家有一个分享。"江一燕告诉《博客天下》。

现场一块屏幕上，循环播放着她在山区支教的短片。前些年，江一燕还不太希望自己支教一事被公众所知，现在她改变了这个想法，希望能通过摄影展的方式，让更多的人关注山区儿童，甚至加入到捐助者和志愿者的行列。影展上的作品，以每幅5000元的底价出售，所得款项全部注入江一燕个人创立的"爬行者"助学基金。

江一燕的圈中好友黄渤、尔冬升等人，在影展期间拍走了部分作品，以表支持。近年，明星和公益几乎已成为标配，既献爱心，又树立形象，一举两得。在黄渤的观察里，一些公益活动只是一种形式，活动结束通常就没了下文，而江一燕身体力行、长期坚持，很是难得。

"私底下她会跟我们商量能不能拿出来一些物资进行拍卖，或者是支援她的支教。直到参观了她的摄影展，看了完整纪录片，（才了解）这些年她支教活动的点滴。能够在一件事情上坚持这么多年，可以看出她对孩子那种深深的情感。"黄渤对《博客天下》说。

在解释自己多年坚持的动力时，江一燕提到了山区留守儿童对自己的影响。"孩子们给你的爱会让你审视自己的生活，你给他一点点儿，他就会用全部来回报你。"她说，"所以不是我坚持什么，我很享受这个过程，孩子们教会了我很多东西。"

她提及自己是独生子女，从小很孤独，小时候一下雨就特别伤感，"后来我发现那里的孩子们一到下雨就蹲着看雨滴，也不去自习，很冷的感觉，就跟我小时候一样，可能那种孤独感（打动了我），这个时候我就想做他们的太阳"。

▥ 长洞小学

江一燕与长洞小学结缘，缘于一次电影拍摄经历。2007年，24岁的江一燕跟随剧组到广西巴马县凤凰乡和东山乡等偏远村庄拍摄电影《宝贵的秘密》。

巴马瑶族自治县有"世界长寿之乡"之称，这些年因有不少癌症病人前去养病而受到关注，境内的喀斯特地貌为其带来了独特的自然景观，却也是该地贫困的根源。那里石山遍布，土地资源极为匮乏，人们为了生存，只能在大大小小的石缝间修筑耕田。而错综复杂的地下溶洞又成了当地水资源的天然漏斗，一场雨下来，很快就渗入地下，地面上很少见到河道、溪流。

至今，巴马仍是国家级贫困县之一。"当时导演已经去考察过了，知道很苦，还骗我们说不苦，特别美，去了还会变漂亮。"江一燕回忆。

到了之后，她傻眼了。村子里没水没电，每天都要爬山去拍戏，剧组的大巴车经常凌晨两三点时还在陡峭的山间穿行，那是窄得"正好能放下一辆车的小山路"。

最初，江一燕非常害怕，坐在车里根本不敢往下看，直到她用自己的方式战胜了恐惧："那段时间我总听平原绫香的音乐，那种自然的、空灵的感觉在某一刻突然点醒了我，就觉得其实你江一燕在做喜欢的事情，对生死有一种无畏。"

3个月的拍摄期，让她和在剧组当群众演员的瑶族留守儿童们熟悉起来。"那里的土地贫瘠到玉米只能种在像悬崖一样的地方"，为了让演员们吃饭，孩子们会背着小箩筐去悬崖采玉米。一次江一燕看见一棵树上结着木瓜，随口问"你们都不吃木瓜啊"，第二天再见面时，一个孩子直接就把摘下的木瓜递到她面前，"那树特别高"。

她为那里的贫穷震惊，也为孩子们的淳朴感动："你只要一个微笑，他们就会给你很多东西。"

在当地，青壮年大都出去打工了，村里只剩下老人和孩子。由于教师紧缺，村里唯一的小学被废弃，孩子们只能徒步数小时到几十里外小嘎牙村的长洞小学去上课，一些家庭困难的小孩干脆辍学在家。

"比起物质的匮乏，更缺失的其实是孩子们内心世界的色彩。"江一燕在2012年出版的随笔集《我是爬行者小江》里，记录了当地少年给她的初始感受。

她说，可能因为长期不在父母身边的缘故，那里的孩子不爱讲话，下雨天会特别阴郁，他们甚至不懂得基本的生活常识，一些小孩因为生病后没有得到及时救治而夭折，"在我助学的几十个孩子中便有几个"。最难熬的是过年，他们会坐在山头上等啊等，只为"爸爸妈妈能回家"。

出于关心，电影拍摄间隙她去了一次长洞小学，"不是很近，听说孩子们都在那儿上学就去看了一下"。这一趟之后，她决定为他们做点什么。

江一燕对长洞小学最初的教学条件印象深刻：教室与操场都是泥土地，没有食堂，住校的孩子们把锅支在山坡上自己烧简陋的饭菜，"一张床上能以各种姿势睡五六个孩子，学校在公路边，一过车，带起的碎石就会打碎教室玻璃"。

跟校舍条件同样糟糕的还有教学情况，全校仅有3名老师，要负责200多个不同年龄孩子的学业，而课程也只有语文、数学这些最基本的科目。

就在电影拍摄完的第二年，江一燕通过个人出资及发动身边朋友帮忙，为长洞小学运送了第一批物资。此后，她将捐助当地贫困学生当成自己的一个习惯，觉得仅提供物质不足以帮助他们时，就主动给他们开课、当老师。

代课的闲暇，她用自己擅长的影像，记录下少年们一张张尚未被生活和责任磨损的脸。

"你也许只是给了小小的一点爱，却可以填满他们的整个世界。你可能只在他们小小的生命里出现了一天，他们却会用一辈子记得你。"江一燕在支教笔记里写道，"他们对外面的世界浑然不觉，眼中只有一片青山绿水。"

她适应了那里的艰苦，也喜欢上了那里的孩子，觉得他们简单、贫穷，却有一种山村少年独有的乐观。她说："常常会遇到特别阳光的孩子，一转身，旁边的人就跟我说，其实他是个孤儿，但在他脸上一点也看不出来。"

|||| 留守少年

江一燕记得给长洞小学学生上的第一节课是音乐课,她兴奋地在讲台上做完自我介绍,下面却一片寂静——瑶族孩子听不懂普通话。校主任蒙有文遂成了她的翻译,两人你一句我一句上完了课。虽然沟通困难,但课堂氛围很好,尤其在江一燕拿出吉他时,"他们特别兴奋,都跑来摸一摸"。

蒙有文在长洞小学当了10年主任,谈起江一燕,他有一种总担心自己说得不好的腼腆,一再强调江一燕给孩子们背来了多少鞋、多少被子,有多少人因为她也加入到了资助者的行列。"正直、善良、有爱心",是不善言辞的蒙有文对江一燕的评价。

有沉默的大人,也有沉默的孩子。让当地瑶族学生开口说话一度是江一燕很感头疼的一件事。不管在课堂上还是课堂外,无论江一燕再鼓励、再紧握他们的手,他们也很难挤出一句话来。

"他们不是不懂,只是胆怯,对表达有恐惧。"江一燕说。相对语言,他们更愿意用行动表达自己的态度,"你上山去找信号,他们会跟着;你要打水,小男孩会立刻凑上来帮你提;午饭的时候,他们会从口袋里掏出一根玉米塞到你手里"。

不善语言表达的背后,是远离父母的留守少年长期封闭的心。有时候,江一燕会主动走近他们,玩他们玩的游戏,或躺在学生宿舍的床上听他们聊天,体验他们的每一种感觉。

在她的鼓励下,一些学生渐渐变得开朗起来。有一年元旦,学生们自己排了一台节目,"很多教育局的老师来看,都不敢相信,说以前这些孩子特别害羞,叫他们唱歌都不敢上台,现在却这么大胆地表演"。

　　有一个叫小萍的女生，江一燕第一次见到她时，她上三年级，"那年干旱，她整整一星期没洗脸，帮她擦脸她也不言语，只用一双红通通的眼睛默默地望着你"。几年后再见到她时，小萍已长大了很多，漂亮而有礼貌。已到外校念书的她，知道江一燕来了后，主动跑去当江一燕的音乐助教，带着大家唱歌。

　　山里的孩子没看过电影，江一燕就从当地教育局借设备，又带去投影仪，给学生放动画片，也放自己主演的电影。那是学生第一次看到"演员"江一燕，不停问："小江老师，那是你吗？"

　　虽然条件艰苦，但只要跟学生在一起，江一燕自称就会"打了鸡血一样"。学生也开始拿她当自己很亲近的人看。清晨起来上早自习时，江一燕只要没起床，一些学生就会围在她宿舍门口叫她。

　　江一燕的成就感来自学生以及长洞小学每一处细微的改变。因为穷，当地很多家长不让孩子上学，六七岁就在山上务农，她第一次家访时，得到的答复是上学没有意义，"但我去了学校一两年后，突然发现那个爸爸不让他上学的孩子也坐在课堂里了"。

　　有一名学生，是个孤儿，学习成绩很好，他的舅舅主动找到江一燕，希望获得帮助。江一燕当即决定资助这个孩子到大学毕业。"我去年回去的时候，他舅舅很开心地骑着摩托车，一定要邀请我到孩子家里去看，他和爷爷奶奶还住在下面养猪、上面住人的木头房子里面，条件非常艰苦。那个舅舅非要给我杀一头羊，这是瑶族人招待最尊贵的客人的方式。我不要，他们流着眼泪一定要表示感谢。"

　　相对于自己的付出，江一燕说她从学生身上得到了更多。"他们把我点燃了，生活里我很多时候有点闷，是比较忧郁、多愁善感的一个人，跟孩子们在一起，我会找到自己存在的价值，会有很多新的动力。"

学生并非单纯的受助者，他们也会主动问江一燕：我能为你做点什么？这种回报的愿望让江一燕感动："我觉得那一刻他们心里有一个小小的爱的种子，会伴随着他们（一起长大）。"

▥ 志愿者

长洞小学建在一个地势很高、手机信号时有时无的山坡上。因为山路难走，找到一个愿意上山的出租车司机并不容易。"有一次我们找了一个出租车，司机觉得我们应该不会去什么特别不好的地方，结果走到半路就开骂了，说天哪，我的车快报废了，你们要上山去干什么？你们这些城里人在山上能住习惯吗？"江一燕回忆。

面对这样的情况，她和支教伙伴们只好无奈地沉默着，"我们心想走到半路了你也不能不拉吧"。

意外的是，到达目的地得知他们是支教老师后，司机二话不说，搬出后备厢全部的几箱矿泉水非要给江一燕。"他说你们在山上没有水，喝点矿泉水。我们特别特别感动，虽然他抱怨了一路。"

在江一燕之后，长洞小学迎来了很多志愿者。他们大都是在江一燕的博客、微博上知道长洞小学的，然后与江一燕取得联系，申请成为志愿者，其中不乏高学历的海归。江一燕会审核每一份志愿者的简历，"看看他们能教什么课，理念是不是跟我们一样"。

学校宿舍有限，有时支教老师来得多住不下，江一燕就和大家一起住上下铺。为了照顾学生的感受，她不希望任何人搞特殊。有一次，一位同行的支教老师用矿泉水洗脸刷牙，她立刻跟对方提出不妥，"我不想让孩子们看到老师们用的是矿泉水"。

对一名爱美的女演员来说，最难忍受的是不能洗澡。早几年支教时，江一燕通常都是熬一个礼拜，趁学生周末回家，她和伙伴们下山找家小旅馆洗个澡再上山。"现在好多了，能洗澡了，从南宁到巴马县也修了高速路，三四个小时就能到。"

因为工作性质，江一燕每年去长洞小学的时间都不固定，常常是来不及叫谁，说走就走。因此，她并没有多少和志愿者同行的机会，大多数时候，都是独自带着助理进山，志愿者们则自行前往。

杨子圆是一名事先没跟江一燕打招呼就直接前去支教的志愿者。2011年，他通过江一燕的微博知道了长洞小学，关注两年后，进山支教了一个月。2014年，他干脆辞职在长洞小学做了一年无薪老师。他离开后，江一燕从老师和学生口中知道了这个新来的志愿者，两人通过电话，感觉志同道合，"可以一起做些事"。

现在的长洞小学有了更多的校舍、更先进的教学设备，老师也从最初的3名增加到了十几名。因为江一燕的明星效应，不断有人往山里寄物资，也有企业找过江一燕，表示愿意为孩子们提供一切必需品。

江一燕发现，太多的捐赠有时候不一定是好事。有几次回去，她看到送来的物资在学校里堆积成山，"山里的孩子们对外来的物质是全盘接受的，接受多了就成为一种习惯，没有觉得别人给我的东西代表一种关爱，这个不是特别好"。

杨子圆也遇到过这样的情况。"有些孩子甚至会嫌弃，觉得捐来的东西不好，不想要。"他告诉《博客天下》。

为了不让学生把外界的捐助看作是理所当然的事情，杨子圆提出建立支教超市"贩卖"物资。他们印发了一些和人民币相同面值的校币，上面写着"不劳无获""自己动手，丰衣足食"等句子，学生通过做"门卫""护士""秘书"等工作赚取校币，然后到超市"购买"需要的东西。他们希望学生明白：获得之前，需先付出努力。

江一燕还组织过学生在校门口摆摊，把收到的成年人衣服以很低的价格卖给村民，再用赚来的钱补贴没有国家营养午餐的小小班学生。她想通过这种方式，让学生感受到帮助他人的快乐："别人给我们的，如果用不到，就拿来帮助更多的人。"

2013年，江一燕个人拿出100万元发起成立了"爬行者"助学基金，资助对象扩大到广西其他地区的贫困学生，从小学到大学。之前给学生发放助学金，出于担心"钱到不了孩子手里"，她坚持本人跟学生对接。后来一些学生因为升学等原因联系不上，中断了资助，江一燕不得不重新思考助学金的发放形式。最终，她把自己的助学基金会建在当地教育部门那里，以方便周边的孩子每年领取，同时请自己相信的工作人员进行监督。

基金会设立了一个网上义卖店，由江一燕亲自打理。"我定期会找找明星朋友，问问最近有没有什么闲置的东西啊？他们寄给我后我们就拍照、上架。"

远程支教是杨子圆为长洞小学筹备的一个新项目，用来跟学生定期沟通，了解情况。今年，江一燕从爬行者基金拿出了十多万建设新媒体教室。"每周五的上午会抽出一个多小时的时间和孩子们视频通话，聊聊最近的状况，之后还会用这些设备给孩子们更多学习上的帮助。"杨子圆说。

有不少企业曾找过江一燕，要求参与资助，江一燕觉得还不是时候："现在学校其实还不需要太多钱，政策上国家也已经有许多资助，等我自己的资金用完了，可能会考虑和企业一起做吧。"

⫸ 江小爬

　　拍戏、唱歌、支教、摄影，几年下来，江一燕在镁光灯背后做了许多事，有朋友形容她是那种躲在角落里的艺人，不张扬，却有一种安静的力量。

　　江一燕曾写过一首叫《蜗牛爬爬》的小诗："蜗牛爬爬，来自遥远的巴马/蜗牛爬爬，背着重重的小家/蜗牛爬爬，从小离开妈妈/蜗牛爬爬，浪迹天涯……"

　　这首诗看起来写的是巴马县长洞小学的学生，其实也是江一燕的自况。

因为小时候做事总是慢吞吞，江一燕被家人取了个小名叫"爬爬"。长大后，她喜欢上了这个名字以及它所暗示的状态。"爬"弥漫了她的日常生活。除了把支教基金会命名为"爬行者"，她的博客和微博ID都叫"江小爬"。

"走得比谁都慢，但累积了很多别人没有看到的丰富的感受。我常说，可能所有人都在走一条所谓成功的路，可能会让你走得更快，但是我愿意选择一条更艰难的路，我不希望和大家走一样的路。"她这样解释"爬"的内涵。

这是一个标准的文艺女青年，黄渤说她"几乎干了文青该干的所有事儿"。演戏、摄影、写作、唱歌……每一样她都在尝试。

江一燕的母亲曾经是一名摄影师，在公园里给游客拍照。跟着母亲一起，江一燕在五六岁时就学会了使用胶片相机。她开始有意识地操练摄影，是在考上北京电影学院之后。

摄影对她来说不只是爱好，也是激发表演灵感的方式。因为拍形形色色的人，她积累了很多和底层人物打交道的经验。从他们身上，江一燕提取并储存了不少塑造人物的细节和素材。

同时，摄影让她找到了另外一种表达方式，发现了另一个自我。有朋友形容她是那种躲在角落里的艺人，不张扬，却有一种安静的力量。摄影师恰恰也是一种躲在角落里的职业，本身低调，所有的说服力都在镜头上。她喜欢这种存在。

江一燕很迷恋非洲，几乎每年都去，认为那里是一个"非常容易出片的地方"。她曾拍过一群围成心形的火烈鸟，还有草原上看起来特别恬淡特别文艺的斑马，它们跟另外几幅作品后来登上了美国《国家地理》杂志。对于一名业余摄影师而言，这是莫大的肯定。

她还喜欢写歌，出过多张EP。今年年初，她以独立唱作人的身份推出了单曲《我不》。最新作品是七夕发行的原创单曲Honey Moon。

实际上，音乐才是她演艺生涯的起步。14岁那年，她只身一人前往北京舞蹈学院附中音乐剧班就读。逃离家乡绍兴，是她在看了很多三毛的书后萌生的想法。青春期的江一燕特别爱读一些独立女性作家的书，三毛、陈染、安妮宝贝，都是她偏爱的风格。

"如果没有看她（三毛）的书，也许我不会走出那个小城市，可能就按照家里的愿望做个幼师，简简单单地生活。但三毛激发了另一个自我，觉得该上路了。"江一燕觉得自己和三毛骨子里很像，是个野孩子，"尤其到了非洲之后，你会发现你跟她的很多感受是一模一样的，再看自己走过的路，就觉得其实你越来越像她了，冥冥之中，性情上的一个吸引吧"。

在长洞小学支教时，江一燕将自己的文艺细胞完全倾注教学中。那些学生已经物质贫乏了，她不希望他们的精神生活也一样贫乏。

"有人出资千万，改善孩子们物质上的匮乏。我只会弹琴唱歌，所以成了业余的山村女教师。"江一燕将能为需要帮助的人做些实事，称作是"有能力之人的福气"。而她也在这个自我实现的过程中，获得了一种心理上的馈赠。

这个因出演《我们无处安放的青春》而知名，但一直半红不紫的女演员，从那些乡村少年身上，体味到了自己"孤寂"的童年，进而安放下了自己的一部分青春。每次见到他们，她都会觉得"内心安静"。

但偶尔也会有例外。

她一直记得当年拍摄《宝贵的秘密》时认识的一个"小群众演员"：小男孩特别乖，很爱笑，还会用白纸叠成小卡片送给她。直到有一天，男孩脸上的笑容被一句无心的话撕裂。一个村民顺口对江一燕说："这娃好可怜，爸妈出去打工全死了。"男孩听到此言，突然崩溃，"泪流满面地跑开了"。

"我永远也忘不了那一瞬间，那种隐忍背后的眼泪，本不该属于一个不到10岁的孩子。"江一燕说。

她一次又一次以"小江老师"的身份回到长洞小学，某种程度上也是为了让那些少年"内心安静"。

（2015.10.23）

袁姗姗："马甲姗"翻身记

因误顶上主角光环而被"黑出翔"的袁姗姗终于把自己熬成了"正能量"。

文/黄旻旻　编辑/汤涌

袁姗姗与于正结缘源于刘雪华的推荐，她跟于正说袁姗姗是一个"特别漂亮的女孩"。

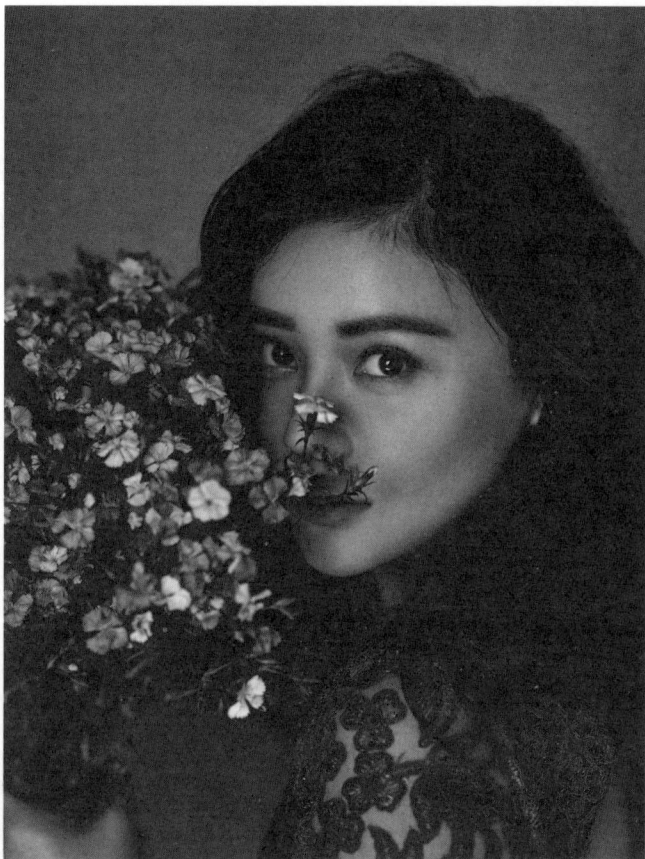

2011年，杨幂在横店探班正在拍摄《宫锁珠帘》的袁姗姗。她看到袁姗姗时大吃一惊："姗姗，你怎么变成这样了？"

杨幂是袁姗姗上北京电影学院时的同班同学，也是袁姗姗的"前任"，她主演了《宫锁心玉》（《宫1》），当时袁姗姗在这部电视剧里扮演一个宫女。

《宫锁珠帘》和《宫锁心玉》都是编剧于正的作品，虽然里面的人物、剧情等都相对独立，但被外界看成一个系列，于是排在后面的《宫锁珠帘》有了另一个名字：《宫2》。

那几年，于正和芒果台的黄金时间挂钩，是收视保证。而袁姗姗正处在那种"马上就要火"的状态，但杨幂看见她的时候，她沉默，不爱说话。"其实我性格是蛮活泼的，在（之前的）摄制组和大学里面，别人觉得我是个疯丫头。我整个《宫2》拍摄都不喜欢讲话。"回忆起这段经历的时候，袁姗姗在新电影《煎饼侠》转场天津路演的车上。

"你在剧组有朋友吗？"这个问题抛给袁姗姗后，她陷入了长长的沉默。

▓ 抢戏

袁姗姗的成名和跌落都是从横店开始的。大学毕业后在横店串戏的袁姗姗经过刘雪华的推荐认识了于正，之后在《宫1》中客串了一个宫女。

刘雪华是20世纪80年代琼瑶片的明星女主角，经过琼瑶阿姨耳提面命还常在江湖上行走的女主角很难遇到，刘给于正推荐袁姗姗时用的评价是："特别漂亮的女孩。"

刘雪华曾经亲自传授袁姗姗哭技，琼瑶阿姨挑女主角必须要让她们哭起来看看，聪明的姑娘一定会眼睛越睁越大，眼泪扑簌簌往下流，笨姑娘才会嗷嗷地哭，眼睛挤成一条线。

经过雪华姐传帮带的袁姗姗就这样走进了于正的造星流水线。当杨幂忙于各种大电影的邀约，确定不接《宫2》之后，于正做了一个大胆的决定：袁姗姗上。

这步棋让袁姗姗几乎成了剧组所有人的敌人。

"演《宫2》的时候压力很大。全场摄制组所有的人，包括导演、工作人员，都在否定你。"袁姗姗告诉《博客天下》，自己很强烈地感受到这种不友好，"有人会找于老师建议换人。也有同剧组的演员找到于老师说：要不要换我？"

戏里争宠，戏外也在争宠。她得到的最大支持来自"大BOSS"——制片人、编剧于正。

尽管《宫2》是真正意义上让袁姗姗"火"起来的戏，但这对她来说并不是一段开心的经历。长长的沉默之后，她最终还是没能掩饰真实的情绪。"其实我性格是蛮活泼的，在（之前的）摄制组和大学里面，别人觉得我是个疯丫头。我整个《宫2》拍摄都不喜欢讲话，也很少跟别人交流。"

"每一天都过得很不自在，等到杀青的那一天，我特别开心。"可能是觉得这样的说法太过直接，她想了一下，决定做个纠正，"也不是开心吧，就是无奈，石头终于落下了，终于可以逃离这儿了。"

新的压力很快扑面而来。

⫿ "滚出娱乐圈"

在接《宫2》之前，袁姗姗只演过一次女主角。电视剧《秦香莲》的女主角没等到合适的，于是，袁姗姗从包拯侄女的小角色升级扮演"中国历史第一苦情女人"。剧中的袁姗姗被背叛，被追杀，最后绝地爆发。

对于正来说，《宫2》用袁姗姗接替杨幂会带来一些损失，但在他的控制当中。带出更年轻和资浅的女演员会有满满的成就感，她们更听话，片酬也更低。

"这样的变化观众肯定会有一定不满足感。一般戏都超越不了第一部，我想着能把收视保了（就行）。"

他赌赢了。"毕竟《宫2》是那一年全年的剧王。"于正说。

素人袁姗姗的成功似乎证明了于正的无所不能，他开始被当做调教演员的高手。此后袁姗姗和于正合作了《宫3》和《笑傲江湖》等作品，部部火。

但每部电视剧之后都有骂声，以及组团到来的"黑"。一方面，大大咧咧的袁姗姗很容易被和各种女演员比较；另一方面，因为长期受到"抄袭"的指控，愤怒的人群也愿意迁怒女主角。

有些人认为于正放任网络上的各种"黑"。那几年的很多营销策略都认为，负面评价远远好过悄无声息。不过，于正也坚持在袁姗姗遭到指责的时候站出来替她说话。

虽然结果是落在袁姗姗身上的火力更猛了。

袁姗姗的朋友孙阿美认为事情有另外一个可能。"她当时根本没有什么宣传团队。"孙阿美说，"于老师他们那个公司更多的是制作，当时在整个经纪行业还是成长的阶段。"

被刘雪华评价为"特别漂亮"的袁姗姗，被网友打开视频，一帧一帧地看，从中截取出各种奇葩表情——20年前的观众没这技术条件。"不够漂亮、香肠嘴、演技差、哭起来难看"是常见的指责。上一个时代的刘雪华再也想不到，亲传弟子的哭容会在宽带和流媒体技术下被黑得无所遁形。

于正对经典作品的凶狠改编也成了"招黑"的原因。2013年开播的《笑傲江湖》中，袁姗姗扮演任盈盈，原著中被令狐冲打动的内敛大小姐被迫要和一个"男性"争夺令狐冲。于正给东方不败浓墨重彩地加戏，袁姗姗要把令狐冲从东方不败手中夺出来，结果原著读者和电视观众都跟着不喜欢她。

袁姗姗形容自己的2013年过得"小心翼翼"。3月《笑傲江湖》播出后，关于她的负面评价就没有消停过；7月，想着"避避风头"的她决定随孙阿美一起去青海做公益，给山里的孩子们放电影，在她们走到青海果洛藏族自治州时，"袁姗姗滚出娱乐圈"成了微博头条。

"嘿，都跑这么远了，还整这么一个。"孙阿美说。

袁姗姗不是于正剧女主角里第一个被黑的，也不是最后一个。

在她之前，杨幂曾经是段子手们热衷的一个编排对象。参加某综艺节目时，一只山羊去舔杨幂的脚，她从此被人们黑成一个"脚臭"的人。

袁姗姗之后的陈妍希也被大肆开涮，网民没有放过台胞，"小笼包"和"鸡腿头"都是常见的槽点。

对小演员袁姗姗来说，微博原本很像朋友圈。2010年3月6日袁姗姗发布了第一条微博，内容是晒自己家那只叫莫菲的比熊狗。她的博客现在仍然可以访问（她成名前的博文都没删），晒狗、晒美食、晒性情。袁姗姗热衷于把每部戏里的造型亮一遍，再配上一句"开工好开心"。

但在出演于正剧之后，袁姗姗在社交媒体上的压力越来越大，她成了第一个用自己名字霸占"滚出娱乐圈"这个词条的女演员。

▐ "玛丽苏"

浪漫主义经典作品当中对女性有一种极其完美的想象，但是在今天，这种"无底线烂好人"的理想女性被认为是虚伪的，这种角色也被蔑称为玛丽苏（Mary Sue的音译，通常指虚构出的一类集创作者个人欲望和虚荣心于一身的女主角，她们不仅容貌出众、出身非凡、内心善良、人见人爱，还结局美满）。

如果回到20世纪，轰动全国的《渴望》就是典型的玛丽苏作品。不过现在的情况是，靠苦情和善良赢得观众的心已经吃不开了，人们喜欢保持棱角、以牙还牙。

袁姗姗演的钮钴禄·怜儿和《甄嬛传》里的熹贵妃是一个人，一个天真无邪，却靠好运气和男主角的加持站上高位；一个靠自己步步为营，最终统领后宫。孙俪因为精湛而充满张力的演技成为"视后"，袁姗姗因为"玛丽苏"被骂。

几年后的袁姗姗复盘当年时，坦率地承认自己"确实演技有问题"。不过这个当时出道不久的小演员也有自己的难处。"我是个新人，没有太多选择。有人能在你大学毕业后给你机会是件特别不容易的事情。"她形容自己刚毕业时的状态是"接戏还挺困难的"。

"热心媒体"还有火上浇油、帮忙分析的。湖南娱乐频道的《小马热话题》栏目调查了袁姗姗不被观众喜欢的理由，最后总结成5点：长得不好看、演技太做作、于正太捧她、苦情玛丽苏、没有理由。于正听了后怒斥了他们。

这个栏目还特别强调了第3点："如果袁姗姗同学只是演一些女配角的话，可能还不会被大家拍来拍去。但是于正就是要捧她，捧得高高的。"

　　袁姗姗是2011年11月成立的于正工作室签下并力推的第一个"女一号"。于正夸袁姗姗的外形、赞她的努力，说"我们姗姗只演女一"，然而他的每一次维护都会带来新的攻伐，把袁姗姗往漩涡中又推了一步。

　　于正在一次回击里提到："她就是当年的范冰冰，如果撑得住这些流言蜚语就能走得远。"这毫不例外地又招来了一阵哄笑。

　　这形成了一个互相赌气的局面，观众越是狠狠地骂，于正越是反击似的狠狠捧。于正的剧总能自带话题。有一种说法是，于正的戏，谁演谁火。

　　孙阿美认为于正是个好人，不过，在得知我们会采访于正之后，她还是没忍住婉转地表示了自己的担心，"于老师这个人，有时候好心办坏事"。

　　袁姗姗对于正的称呼在"老板"和"于老师"之间切换。"我老板。"袁姗姗很真诚地带着感激，"他的初衷是好的。即使《宫2》那时候，别人都说我不行，也是他坚持要用我。"更早一些时候，她在采访里称他为"恩人"。

⦀ 转山

　　17岁的袁姗姗是在考北京电影学院时才第一次到北京。她的家乡湖北小城襄樊是个没什么辨识度的地方，直到2010年，比着《射雕英雄传》改名叫襄阳，名气才变响亮。

　　袁姗姗对北京充满了好感，她也有对未来的幻想。"第一次走进北电，我觉得，我想在这上学。特别是到了表演教学楼，看每一届毕业生的集体照，我在那儿站着看了好久，每一个都看了一遍。"

不过，袁姗姗并没有一开始就爱上表演。"我上大学的时候挺不上进、不努力的一个人。我能交上表演课作业是因为我到处找同学问，'哎，你们这儿需要人吗？有我能演的吗？'都是些小角色，我是'老太太专业户'，只要期末老师不说我就行。"

这年，杨幂已经凭借央视版《神雕侠侣》里的郭襄一角在演艺圈小有名气了。

60分万岁的表演系毕业生被于正推到了"女一号"的位置上，许多人正是为此愤愤不平。

于正这样分析为什么人们会不接受袁姗姗："演员刚刚红起来可能她在各个方面还不懂得打扮自己，或者是演技没有到炉火纯青的地步，大家对她的渴望却是成名明星所有的一切。"

在孙阿美的描述里，几年前的袁姗姗，根本没有女明星该有的样子，不审视自己，生活没节制，也不节食。这后果很严重，在《宫3》里，袁姗姗在透明浴缸里露出了肉肉的肩膀，被人们形容为西红柿鸡蛋汤里煮的胖姑娘。

作为朋友，孙阿美的建议更直接："我说你应该多看看书、多看看电影，我经常给她拉单子，很多经典电影（她）也没看过。"

孙阿美是华谊兄弟公益基金的负责人，她给自己的备注是"乡村电影放映员"，因为一年中，她有一半的时间跑在给偏远地区和农村孩子们放电影的路上。

在"滚出娱乐圈"还未出来之前，袁姗姗请孙阿美带自己去青海时，孙阿美第一反应就是，极尽可能地阻止她"别跟着添乱"。孙阿美描绘说"青海特苦，可能会有高原反应，吃得也不好，自己工作根本顾不上她"，路上七八个小时的长途车是"心有多大厕所就有多大"。

袁姗姗回她：你就带我去吧。

"她特别需要面对这些空旷的东西，静下来。"在孙阿美看来，朋友的低落显而易见，"去青海，眼不见心不烦。"

出发青海前，袁姗姗在机场买了本书。"我一看，《苦就是人生》。"这本书的作者是索达吉堪布（法师），孙阿美觉得这太戏剧了，"心灵鸡汤一样的书。结果去青海见着一学生也拿那书，我俩笑半天，我说你看看你看看，在哪儿都需要修行。"

地理和通讯上的距离保护了袁姗姗。"我们最开心的就是买了一个西瓜。终于出太阳了，我们几个人坐椅子上啃西瓜，像猪八戒一样没有烦恼，享受那一两个小时的太阳。天空上就是鸟叫，特别安静，没有人打扰。"那是孙阿美在青海第一次看袁姗姗笑，"我给姗姗照了一张照片，是她在吃西瓜的时候。她妈妈后来告诉我：阿美，你给姗姗照的吃西瓜那张是我最喜欢的。"

她们和当地的学校老师一起去转山。"我们俩都爬不上去了，老师拿着伞把我们拽上去。下面是黄河，特别美、特别安静。老师说的话特别简单、单纯，说学校那点儿事儿，他们不了解外面，也不了解娱乐圈，我说，姗姗，你看这些老师多了不起，我们多少年也没听过这样的读书声。"

正处在低谷的袁姗姗希望转山能带来转运。"阿美跟我说，转完这个山，你说不定就会好很多。我俩把整个山上的钟全部都敲了一遍，这是转运的。我拼死也要把山转完。"

事情淡去的速度之慢超过了袁姗姗的预想，2013年微博热门话题的更新速度还远远不是一个出轨撺着一个丑闻这么着急。在袁姗姗的印象里，滚出娱乐圈的热度持续了差不多两个月。从北京到青海，再然后袁姗姗跑回了襄阳老家。差不多2个月的时间，没有采访，也没有任何工作，"一个人在家里待着。对于事业，就停了。"

袁姗姗曾发微信给工作室求助，她有些急切地询问，为什么工作室不在宣传上想想办法，避开风头。"过去半个月，对演员的伤害很大，我们是否该对此有个回应……我没有经纪人……如果我不操心就真的完了……"她在微信里说。

于正把这条消息直接发上自己的微博，希望大家手下留情，但随后被解读出各种各样的意思，甚至有人认为于正是"高级黑"。

从那之后，袁姗姗就沉默了。"就是挺无助的。说什么做什么都是错。"

打破为期2个月冷落期的是于正。他打电话问袁姗姗：要不要演小龙女？

▓ 时装剧

袁姗姗开始接各种戏，都是工作室之外的，她不再介意角色是不是女一号，是不是霸占八点档。

她的"翻红"是从2015年3月份《天使的城》播出开始的。袁姗姗演关莎莎，一个总是演小三、女特务、被观众骂、遭遇潜规则的小演员。

在曝光决定起用袁姗姗之后，有网友跟导演杨阳说："你们要是用袁姗姗，这戏我就不看了。"

"我问杨阳导演，你为什么要用我？很多导演不用我，我遇到过这样的情况。"袁姗姗说，"我喜欢生活剧，也看生活剧。但是好几个导演给我的回复都是'现代戏，不敢用'。"

袁姗姗在剧中出了一口恶气，她借用关莎莎之口，喊出那句"滚出娱乐圈"之后，她的回红开始加速。

她最后还是拒绝了小龙女。这是她第一次对自己的老板说不。

"那个角色被消费太多了。"袁姗姗告诉孙阿美。

于正以一种带出了优秀毕业生的老师的语气谈了这两年："《宫3》之后觉得姗姗拍这个类型已经拍到头，收视率一直是大红，每年都是收视冠军，收视之王，这种情景之下她需要到外面再去锻炼锻炼，并且能够有一些新的突破。"

他捧红过刚出道的小明星，也曾让已经"退二线"的女明星"回炉返春"。女明星从于正的古装剧里收获目光和知名度，毕业后，需要开拓的则是更广的疆土。

从于正剧那里毕业的袁姗姗开始接拍现代戏，学习为自己挑选角色。

"成名和成就不一样。"杨阳告诉《博客天下》，"成名容易。具有生命力地活下去，还是不能依赖一些不需要演技的、自然认同自己成为花瓶的角色。"

她放弃让观众接受古装剧里的自己，挑选了一些复杂的有内心戏的角色，这些人不是"圣母病"患者。这样的成长最终说服了老板："尽管说她去年拍的戏才播了两部，还有很多没有播，但是我觉得姗姗是不一样了。"

袁姗姗说自己在《天使的城》之前，没有看过自己演的戏。"我有时候也想：什么时候能把以前的片子再看一遍？想着还是再过一段时间吧，不要让以前的烂演技影响我。"她的打算是，"等以后各个方面都成熟稳定了，那个时候吧。"

⦀ 补课

袁姗姗也在学着和微博上的恶语共存。

2013年9月，她的微博发了一组翻滚的瑜伽动作。"今天又是各种求滚（滚出娱乐圈），谁小时候没滚过……翻滚吧，小袁。"在这次"主动求滚"之后，黑她的人也不太好意思了。

就在她离开于正的师门四处锻炼的日子里，"滚出××圈"这种说法的侮辱性意味越来越淡，人们更多表达的是一种情绪和口味上的优越感，比如"五仁月饼滚出月饼圈"。

有人曾经贴出过陈妍希和刘亦菲舞剑的镜头对比，更瘦的演员征服了网友的心。和职场不歧视胖子的政治正确不同，对职业演员来说，健美的身材意味着更职业、对自己有要求。

袁姗姗终于跟上了节奏。2015年4月20日晚上6点晚饭后时间，她在微博晒出照片："听说晚饭吃多了的人会自动转发。"照片中，袁姗姗在健身房对着落地镜，露出马甲线。

"胖脸袁姗姗居然也练出了小马甲"，一条留言评论道。在这之后，一大批黑转粉。

她的健身教练在接受《博客天下》采访时，把"只用40天"就出现的马甲线归功于自己独特而科学的训练方法。"我给姗姗制订的计划是锻炼她薄弱缺失的几个部分的肌肉群……改变她日常走路站姿坐姿的发力习惯，在不知不觉中潜移默化改善她的身材。马甲线，那只是一个副产品。"

其实秘诀只是下苦功夫而已。袁姗姗详细描述了"只要40天"背后的节奏：每天"80个撑跳、400个小跳、平地登山80次（这个实心眼的姑娘还给我演示了一下，趴在地上向后蹬腿）、200个仰卧起坐加高抬腿。"一个半小时不得闲，跳着跳着就直接跪地上。

一直有"恨铁不成钢"之心的孙阿美说："姗姗，你这个都能练成，没有什么不能成的。"

袁姗姗也希望为社会做点事，《笑傲江湖》被骂惨之后，她和孙阿美商量在自己的微博里发起了"爱的骂骂"。24小时里，该微博下每条留言，她都认捐五毛，资助给残疾孤儿做手术。

袁姗姗在TEDx（即技术、娱乐、设计等领域中杰出人物的会议）演讲里提到了这段经历。总共10万多条留言，她捐了50693.5元，这笔钱最后帮助一个3岁的小女孩儿在一年后站了起来。

袁姗姗告诉孙阿美说，她觉得自己得到了救赎。

2014年12月，孙阿美站上了TEDx演讲讲台，分享她全国各地放电影的经历。回来后，她开始动员袁姗姗分享她被10万人黑的感受。

孙阿美提到了一个关于"孤独"的比喻："我一直很想告诉姗姗不要老做稻草人。稻草人很孤独，一个人站在那儿，稻草人心里一定是悲苦的。"

"我想先问大家一个问题，有谁一年365天，天天被未曾谋面的陌生人骂？"7月8日TED大会的本土版"TEDx宁波"发布的最新一期演讲视频里，袁姗姗问道。

随后她举起了自己的右手，"这个人就站在你们面前"。

⦀ 归来

孙阿美曾经推荐过电影《归来》的原著《陆犯焉识》给袁姗姗，一个被错划为右派的老人回到自己已经陌生的家中。

"袁犯姗姗"如今也在追求着一个归来。回到恩师于正的身边，她要修行的还有很多。

袁姗姗被黑得这么厉害，这原本打乱了于正的计划。

"我原先想法不是这样的。我觉得其实可能她接下来（《宫2》之后）要像杨幂、赵丽颖一样一炮而红。"事实逼迫他调整了打算，"不会是杨幂、赵丽颖、范冰冰这样的演员，她可能会是孙俪、海清这样比较沉淀的演员。"

在于正看来，带袁姗姗出道最困难的部分，是她太过保守与传统。"袁姗姗本身是一个比较传统的女孩，克服她心理上的障碍比较困难。其实她不是一个很豁得出去的姑娘。"她还没有被曝出有男朋友，"她不具备娱乐性，也不懂得抢镜，走个红地毯也不敢穿得标新立异。"

出席上海电影节时，她的礼服中规中矩得近乎没有亮点。

好在老板也看到了变化，"她也慢慢习惯了。"

袁姗姗是愿意回来的演员，她2015年又回到了于正工作室拍戏。过去两个月，她一直在《云巅之上》剧组，这部戏讲的是演艺圈的生存和发展——她对这个圈子的冷暖已知。工作室没有因为她是自己的当家花旦而宽待她，袁姗姗每天的下戏时间都是后半夜。经过了

"帮倒忙"经历的老板也不再需要时时拿着枪上前线，工作室日益完备的宣传团队可以帮他挡掉一部分危机。新剧的新闻发布会上，于正说自己准备在新戏里还袁姗姗一个讨喜的角色。"从《宫2》把她推到风口浪尖，到之后的每一部都为了保收视率而忽略人设（人物设计），真的难为她了。"

老板对她的评价也有了改变。"我们就是非常好的同事。"于正说。

"天下没有白吃的午餐。"和袁姗姗合作过的导演杨阳说，"与他们（明星）所得到的名利相比较，他们在网络上受到过分关注和伤害也是自然的。"

现在的袁姗姗已经可以平静地消费自己的"黑历史"，她甚至会给朋友发自己的表情包。

她愿意拿自己开涮。袁姗姗在影片《煎饼侠》中扮演了一位"四线小演员"，以NG（no good，表演不好被导演喊停）多次的烂演技著称，很像是当初全民黑袁姗姗时的局面。

导演大鹏曾经建议袁姗姗在剧里的角色就叫袁姗姗，因为这部影片号称"明星是在演自己"。

大鹏就是大鹏，柳岩就是柳岩，岳云鹏就是岳云鹏，袁姗姗也应该是袁姗姗，只有小人物才用化名。但她拒绝了。

"那不是我，真的不是，我是在创造人物，不是演自己。"袁姗姗说。

说这句话时，她坐在天津一家五星级酒店的沙发上，刚刚上完妆，等待自己新片的天津站路演。

她准备彻底和过去的那个没准备好的幸运儿作别。能自黑的她仍然小心翼翼地关注着自己的一切，过去的经历也会时不时地显影。

当知道自己的TEDx演讲还有弹幕版时，她有些担心地询问：弹幕都说了些什么？

她的午餐只有一小块披萨，她不再是那个对自己毫无要求、不知节食的女学生。

这个女孩正在用困境中修炼出的自律，保卫着来之不易的马甲线。

‖‖ 袁姗姗洗"黑"之路

投身公益

2013 年 3 月，袁姗姗在微博发起"爱的骂骂"公益活动，只要有人在指定的微博下留言，她都每条认捐0.5元。此外，她还零片酬接演了公益电影《有一天》。

玩自黑

2013 年 9 月，袁姗姗放出了一组在地上翻滚的照片，以此来回应"袁姗姗滚出娱乐圈"这个话题。她说："今天又是各种求滚，谁小时候没滚过……翻滚吧，小袁。"

拓展戏路

被黑之后的袁姗姗在 2013年后接演了《家有喜妇》《芙蓉锦》《天使的城》《煎饼侠》等电影电视剧，角色不再局限于古装戏和苦情的玛丽苏。

修炼演技

演技一直被诟病的袁姗姗终于在"烂演员"身上找到了用武之地。她在电影《天使的城》和《煎饼侠》里分别饰演了两个毫无演技的三流演员,反而受到了观众肯定。

减肥健身

在沉寂的那段时间,袁姗姗拾起了扔下多年的小提琴以及健身。她说运动让她心情愉悦。2015年4月,她还在微博上秀出了她长久健身的"战利品"——马甲线。

公开演讲

在朋友邀请下及受莱温斯基演讲的鼓舞,袁姗姗踏上了TEDx的演讲台,题目为《在网络暴力中捍卫自己》。她通过演讲向外界传达出了一个不畏人言、不懈抗争的袁姗姗。

(2015.7.31)

詹妮弗·劳伦斯：铁布无衫，金钟有罩

詹妮弗·劳伦斯完美应对了一场危机。她没穿衣服的样子被世人阅览，但她自有一套办法保护好自己。

本刊特约撰稿/戴舒华

▒ 极度想看，但绝不会去看

发生在2014年8月底的好莱坞艳照门波及100多名女星，但关注焦点都放在眼下最炙手可热的天才女演员詹妮弗·劳伦斯身上。年仅24岁的她已经获得一次奥斯卡奖、一次金球奖、一次英国电影和电视艺术学院奖、两次美国演员工会奖及四次美国评论家选择奖，被誉为最有可能超越梅里尔·斯特里普的未来之星。

但昔日光环却在此刻成为双刃剑。尽管劳伦斯在艳照泄露的第二天就声称将通过法律手段起诉泄露照片者，但相关色情网站却以劳伦斯不是版权所有人为理由拒绝删除照片。更糟糕的是，更多人也想趁火打劫。洛杉矶艺术家XVALA将劳伦斯的部分艳照收入他即将举办的展览"无法删除"，立刻抢得众多八卦媒体头条。据说这位XVALA从2007年就开始收集此类照片，除了劳伦斯，展览中还会包括2011年轰动一时的斯嘉丽·约翰逊外泄裸照。

"我们不是想为那些黑客或者看客正名。这个展览没有那么肤浅。我们是想发表一种更深刻的观点。"承办该展览的画廊老板克里·艾伦辩解说，"在网络时代，人们享受便利，但也将自己置于危险地带。"

即便如此，该展览依然遭到来自四面八方的指责声。推特随即做出反应，宣布冻结所有张贴劳伦斯裸照的账户。还有更多迹象表明，针对艳照这类事件，美国公众的态度正在改变。

2011年，当黑客窃取并公布斯嘉丽·约翰逊裸照时，拥有极大影响力的明星八卦博客博主佩雷斯·希尔顿在第一时间就以"欢欣鼓舞"的姿态转载了这些照片，并评论说"希望她下次能聪明一点"。直到斯嘉丽·约翰逊的律师威胁说要提出起诉，他才不情不愿地撤下照片，但所有评论均未删除，其中绝大多数都是针对斯嘉丽·约翰逊的身体做出的种种猥亵言论。

3年后，当劳伦斯的艳照刚一泄露，佩雷斯·希尔顿再次发布了同样的帖子。但经过一个小时的"慎重思考"，他主动将这些照片删除，并且专门录制视频道歉：

"我删掉这些照片是因为我的读者。你们的留言让我认识到我的行为是错误的。因为我是写明星八卦的，所以我总是要抢头条，我以前从未考虑过我的这种做法是对是错。但现在，人们把我称为'强奸犯'和'性骚扰狂'。我不想看到这样的结果，所以我把照片全部删掉了。"

因为发布斯嘉丽·约翰逊的艳照，佩雷斯·希尔顿成为业内最火的博客，从此登上事业高峰。但这回，在劳伦斯的艳照门中，他发誓"绝不会再发布类似照片"。

新闻媒体的评论口径也是公众态度转变的风向标。2011年，针对斯嘉丽·约翰逊事件的大多数评论文章都以《明星们什么时候才能学会自爱》或者《别再裸体自拍了》为标题，这类以受害者为指责对象的言论大受追捧。但3年后，这类标题几乎难以寻觅。《纽约时报》科技博客博主尼克·比尔顿"一不小心"在推特发布了给受害女星的三条建议："一、别裸体自拍；二、别裸体自拍；三、别裸体自拍。"结果，他没有从23万个推特粉丝那里获得想要的掌声，反而是上千条愤怒的回应，其中最具代表性的谴责是"不要在性犯罪中指责受害女性"。

此外，媒体也不会在报道中使用这些照片，哪怕是打了马赛克的照片，以此作为吸引眼球的不光彩手段。众多媒体人（甚至包括《花花公子》杂志编辑）纷纷站出来表示，尽管他们极度想看这些照片，但他们绝不会去看，并且号召其他人也这么做。

裸照遭到泄露，劳伦斯的运气可说是糟糕透顶。但与3年前的约翰逊相比，她的运气又好了太多。人们不再以劳伦斯等当事女星为指责对象，而是将怒火发泄在苹果身上。"黑客被抓后，如果能证实这些照片的确从苹果的云服务器上获得，那么苹果理应被起诉。"美国消费者权利保护协会前会长弗拉德克表示，"不改变相关法律法规，消费者在面对数字巨头时永远处于劣势地位，隐私也无法得到保护。"

为什么美国公众的态度会发生如此转变？社会学家分析大致有三个原因：

第一，更多人喜欢用手机自拍，其中不乏裸体照片。女星裸照外泄引发了人们同样的恐慌，联想到自己也可能成为受害者，便对受害女星生发更多同情。

其次是得益于女权运动者的努力。在过去数年中，许多女权主义者致力于严管网络"恶意色情"，让人们认识到这是一个不折不扣的犯罪行为，以及它对受害者造成的严重心理创伤。所谓"恶意色情"是指蓄意侵入他人的电子设备，以诋毁和摧残当事人为目的在网络上散布隐私照片。

最后一个原因可能来自于媒体自身监管。散布斯嘉丽·约翰逊裸照的黑客克瑞斯·切尼最后被判处10年有期徒刑，其他转载照片的媒体也遭到严重警告。因为斯嘉丽·约翰逊的这些反击，如今的媒体在处理类似艳照时不得不更加小心谨慎，就像佩雷斯·希尔顿发布劳伦斯照片但又随即删除一样。

"这不是丑闻，而是性犯罪。"《福布斯》杂志评论家斯科特·门德尔松说，"我不想看到有明星出来为此道歉，我只希望看到凶手落网、得到惩罚。"劳伦斯没让他失望。

▦ 聪明、勇敢、强壮、强悍

在艳照门爆发后的第5天，劳伦斯以全球15亿美元的票房成绩，成为2015年金氏世界纪录的史上最卖座动作女星。《时代》杂志专门为此发表题为《黑客们没法把她拉下马》的评论文章，也算是让几天来"一直担心演艺生涯受损"的劳伦斯稍微松了一口气。

2012年，詹妮弗·劳伦斯以一部《饥饿游戏》颠覆了好莱坞动作片向来被男星统治的局面。这部改编自游戏的系列片继《暮光之城》之后，成为全美最卖座的青少年电影。与此同时，她出演《X战警》中的新一代魔形女，同样取得当季最高票房，难怪评论家们一致惊呼，这个"年轻打女拥有和男人一样的票房号召力"。

因为在动作片中的出色表演，劳伦斯成为了年轻女孩们的崇拜对象，她在采访中直言不讳地批评好莱坞长期缺乏强有力的女性形象。

"我之所以接受《饥饿游戏》的角色，不仅因为那是一个聪明勇敢的女性，更因为她是一个强壮，甚至强悍的女性。"劳伦斯说。因为出生在民风相对保守的美国中部地区，劳伦斯小时候并没有一个拥有强烈自主意识的女性偶像，但她期待自己能够"鼓励年轻女孩成长为坚强独立、敢于对抗暴力体制的现代女性"。

劳伦斯也以持续抨击迫使女演员不得不追求"骨感美"的外在压力的公开言论而出名。在拍摄《饥饿游戏》时，摄制组曾要求她节食减重，但她断然拒绝。"现在的化妆和拍摄技术完全可以实现任何视觉效果，为什么要让演员做出如此不合常理、摧残身体的行为？我想呈现的是健康强壮的女性形象，而不是违反常规的畸形身体。"

这个扮演强壮女性的年轻女星在现实中以迷糊和神经大条著称，用她自己的话说是"一个粗鲁的家伙，一个吃货，一个时尚白痴"。她曾经嚼着口香糖去参加角色面试，结果到她表演时才发现自己还没有把口香糖吐掉，只好向导演借垃圾桶。结果，她没有拿到那个角色。

她还曾经两次在奥斯卡颁奖现场踩到自己的裙摆和鞋跟，绊倒在红毯和台阶上。有阴谋论者说她是处心积虑地抢镜头，劳伦斯对此哈哈大笑："我只是努力做该做的事情，向粉丝们挥手，笑得甜美一点。我摔倒的一瞬间我就知道，我完了，肯定会被说成是作秀。但相信我，如果我有意这么做，我早就在金球奖或者影视演员协会奖颁奖晚会上那么做了，我不会傻到在奥斯卡连摔两次。"

从偏远的肯塔基州来到好莱坞名利场，农场式的单纯热情渐渐让位给强烈的自我保护意识。"我过去是个自来熟的人，但现在，我很少和别人做眼神交流。我总是习惯于往下看，看着地面。"

但媒体还是有大量机会捕捉到劳伦斯极为真实的一面。她曾经气喘吁吁、满头大汗地冲进《纽约时报》的专访室，一边兴奋地咯咯笑，一边上气不接下气地解释说，"我刚刚在走廊里碰见了U2，天哪，我现在还在紧张地冒汗呢。"

她曾老老实实地告诉《采访》杂志资深记者朱迪·福斯特，为了应付这次采访，她特地看了《大都会》杂志上一篇有关求职面试的文章，"我需要在采访中表现得更好一点，这篇文章很有用，因为它教人们如何在20分钟里不让对方恨你。我练习了那上面写的每一个细节，练了好几天。"

她还和《每日电讯报》编辑西莉亚·瓦尔登大肆调笑Dior时尚秀现场的各种古怪服装和糟糕的颁奖发言，一点也不顾忌自己的言论是否会被发表出来，引起不必要的敌意。但当人们把她视为叛逆代表时，她又站出来澄清说："我并不是个反叛者，或者没有自控能力，我只是想到什么说什么，想到什么做什么而已。"

在艳照门发生后，她再次体现出这种强悍和直白。好莱坞一向有处理类似事件的惯用手段：保持沉默，或者全盘否认，让时间渐渐冲淡人们的关注，然后再若无其事地复出。但劳伦斯却反其道而行。她非常罕见地在第一时间站出来发表声明，毫不掩饰地承认了照片的真实性，并高调寻求法律手段搜捕嫌疑人。

这种承认让劳伦斯的形象受损，并受到集中攻击，但这也将她和那些胆小怕事、虚伪做作，或牺牲真性情来换取名利的明星区分开来。

与此同时，她一直为之代言的强壮女性也成为她的坚强后盾。艳照门发生第二天，以《少女》杂志评论家莉娜·邓纳姆为首的一大批女权主义者在网上掀起"抵制迫害女性"运动。他们认为，不仅仅是窃取并散布这些照片的黑客在进行针对女性的性犯罪，而且那些打着"看新闻"的幌子窥看照片的普通人也是这场迫害和犯罪行为的同谋。"不要再把偷照片的人称为黑客了，"莉娜·邓纳姆说，"他们是性暴力罪犯。"

《福布斯》杂志专栏作家丹妮尔·西特伦随后发表评论文章《为什么总是女性而不是男性遭到骚扰和诋毁？》，她援引纽约警署的犯案记录说，从1996年到2010年，超过80%的网络性骚扰受害者都是女性。相对于能够得到媒体关注的明星来说，普通女性遭遇此类迫害的后果更加隐秘而严重，"推特在第一时间冻结了所有转发劳伦斯艳照的账户，但当一个普通女性的隐私照片被传播时，绝对不会得到这样的保护。"

这支站出来捍卫女性的队伍中也有不少男性，比如加拿大导演赛斯·罗杰，他认为这种行为与小偷贩卖偷来的物品是一个性质。"当然，我没有把女性比作物品的意思。"他紧接着补充。

在这种压力下，美国联邦调查局启动了针对网络骚扰的前所未有的"搜人行动",并基本勾勒出嫌疑人的形象:没有正经职业、荷尔蒙旺盛、时间充裕的年轻男性。

这一行动带来极强的震慑效果,到了事发第5天,美国网站上已经基本无法搜到相关照片。

▥ 照亮了整个屏幕

14岁时,劳伦斯便下定决心成为一个演员,并说服父母带她到纽约找到一家经纪公司。之后,她进入路易斯维尔的卡默勒中学研习演技。这所中学由著名的音乐家卡默勒创办,一向以丰富多样的艺术类课程闻名。2007年,劳伦斯以平均3.9分(相当于中国的95分)的课业成绩提前两年毕业,正式踏入演艺圈。

她参演的第一部影视剧是TBS(特纳广播公司)电视台的喜剧系列《比尔英格威尔秀》,这档节目持续了三季,在2009年停播。但劳伦斯的演戏天分已经引起注意,她凭借该片斩获2009年度杰出年轻演员奖,并获得当年的电视剧最佳表演奖提名。

有趣的是,2007年劳伦斯也获得了《暮光之城》的女主角面试,但最终惜败克莉丝汀·斯图尔特。2010年,当克莉丝汀因为该剧大红大紫时,劳伦斯不仅不为自己感到可惜,反而对前来采访的媒体记者说:"我可永远不想那么红。"

很明显,劳伦斯的目标不是当一个明星,而是当一个演员。在大众的注视焦点之外,她默默地在一部又一部独立电影中打磨演技,从《花园晚会》《牌手之家》到《燃烧的平原》。她也因此获得2008年洛杉矶电影节最佳表演奖和威尼斯电影节最佳新星奖。

2010年,劳伦斯凭借《冬天的骨头》获得影评人的一致好评。

在这部注定被人遗忘的讲述美国贫困乡村故事的惨白影片中，她以超乎年龄的成熟演技展现了一个目睹家庭罪恶、扛起生存重担的17岁女孩。《纽约客》评论说："没有劳伦斯，就没有这部电影"。《滚石》杂志更加毫无保留地送上赞扬，"劳伦斯的表现超出了表演，她是一场蕴含破坏力的风暴，她用眼神向我们展示了撕裂女主人公的所有黑暗。"

拿奖拿到手软的劳伦斯随即进入动作片领域，出演《X战警》和《饥饿游戏》。虽然她是《饥饿游戏》原著的忠实读者，但她花了3天时间来考虑是否接受这个角色，因为她依然钟情于独立电影，而非这类吸引青少年的情节剧。她害怕这部过于商业化的电影会让她的演艺生涯走上歧路。不过，最终她还是接受挑战。因为反对好莱坞流行的骨感美造型，她一向身材偏胖，这次她依然拒绝摄制组提出的节食减肥，而选择进行艰苦的健身塑形。她密集学习了特技动作、剑术、投掷、爬树、散打、冲刺、跑酷、普拉提和瑜伽。

"劳伦斯是我把这部电影看完的唯一原因。"《时代》杂志影评家理查德克·里斯评论说，"这个21岁的年轻女演员第一次将成人思维带入青少年动作片中，她成熟、愠怒、引而不发，她是这部平庸之作中的唯一亮点。"

与此同时，劳伦斯依然不间断地拍摄独立电影，奇迹般地成为普通观众和影评人的双重宠儿。她的名声在2013年12月上映的《美国骗局》中达到高峰。在这部基于20世纪70年代美国新泽西一桩真实政治丑闻的电影中，她与实力派巨星克里斯蒂安·贝尔、布拉德利·库珀和艾米·亚当斯搭档，出演一个神经质的家庭主妇。她身穿低胸吊带紧身长裙，头顶蓬乱爆炸式发型，操一口沙哑的新泽西口音，疯疯癫癫，嘻嘻哈哈，一边饱受着失败婚姻的折磨，一边使用自己的原始本能进行一切破坏。对于这样一个与《饥饿游戏》中的女英雄截然相反的角色，劳伦斯驾驭得游刃有余、入木三分。2014年1月，她众望所归地捧回金球奖。

在所有褒奖之中，也许《滚石》杂志评论家彼得·特拉弗斯的话最为精辟到位："从某种程度上来看，劳伦斯是一个奇迹。她鲁莽、土气、搞笑、口吐脏话、懒散、性感、充满活力、敏感易伤。所有这些矛盾元素存在于她一人身上，甚至存在于她的一个转身和一个眼神之中。在这届金球奖的提名候选人中，没有一个拥有与之匹敌的才华。她照亮了整个屏幕。"

无论此刻的她是否被以另外一种方式照亮部分人的电脑和手机屏幕，有一点可以肯定，劳伦斯不会就此倒下，她会继续前进，照亮世界上更多更大的屏幕。

2011年2月27日，好莱坞柯达剧院，詹妮弗·劳伦斯凭《乌云背后的幸福线》获得第83届奥斯卡奖最佳女主角。

||||　"我打败了梅丽尔"

2013年，詹妮弗·劳伦斯凭《乌云背后的幸福线》获得金球奖最佳女主角，她在获奖感言中开玩笑道："我打败了梅丽尔。"那一年，传奇影星梅丽尔·斯特里普凭借《希望温泉》也入围了该奖项。

这一言论在推特上争议四起，边看颁奖礼边发推特的林赛·罗韩写道："谁都不该恶搞梅丽尔·斯特里普这样的传奇人物。"

劳伦斯在做客 *The Late Show* 时回应了争议。她说："那可是梅丽尔·斯特里普，你怎么可能冒犯她呢！我是在引用《前妻俱乐部》的台词，贝蒂在片子里说'看它上面写的什么，我打败了梅丽尔！'这句话太完美了。我没想到林赛·罗韩会在推特上这样说……推特很郁闷。我不知道该不该等待她（斯特里普）的回应，我有点紧张。我想搞一个公开声明，对那些傻瓜说，我只是在引用电影中的一句台词。"

（2014.9.15）

秀兰·邓波儿：一个女孩和好莱坞的纯真年代

秀兰·邓波儿静静走完了极富戏剧性的一生，而人们只记得12岁前的她。

本刊特约撰稿/戴舒华

秀兰·邓波儿永远在扮演同一个角色。从1934年一炮而红的《亮眼睛》，到1940年为福克斯拍摄的最后一部电金色卷发、明亮大眼和俏皮酒窝的小天使，总在唱着欢快的歌，跳着踢踏舞，以甜美笑容将身边的成年人从阴郁颓丧中拯救出来。

2014年2月10日，85岁的秀兰·邓波儿在美国加州的家中静静地告别了人世。在她极富戏剧性的一生当中，人们记得的，依然是她12岁前的模样。

20世纪30年代的好莱坞，既迎来黄金时代，也处于纯真年代。电影被理所当然地视为教化大众的道德手段，清教徒的禁欲主义紧紧捆绑着摄影棚里的创作，分配给好莱坞的只是一个极为谦卑的角色：负责为家庭制造出纯洁的笑声。

而秀兰·邓波儿专攻的歌舞片更是纯真中的纯真，片中的她完全没有任何激烈的负面情绪。在她的鼎盛时期，也就是6岁到11岁，秀兰·邓波儿是全世界儿童的偶像和榜样。她的形象总是如此积极健康，甚至为了避免观众们想起男女制造孩子的这一"不洁"过程，好莱坞索性在影片中隐去了父母的角色，将邓波儿塑造成了一个又一个小孤女。

在父母缺席的状态下，秀兰·邓波儿成了银幕上的主导力量。她精力旺盛、甜美无邪，令影片中情感长期处于麻木状态的成年人深受触动，于是心灵得到治愈，一切步入正轨。

据统计，邓波儿收到的观众来信比葛丽泰·嘉宝还要多，出镜率比罗斯福总统还要高。她连续4年成为好莱坞最卖座的明星，把第二名克拉克·盖博远远甩在后头。那时候，一张电影票的价钱是15美分，而邓波儿的片酬超过12万美元。如果按照今天中国的电影票价100元一张来换算，她拍一部影片的报酬相当于8000万人民币，年底还能再收一个2亿元的红包。

除了让父母过上富豪生活，并以一己之力挽救福克斯公司外，邓波儿也为美国经济做出了巨大贡献。

虽然当时的片商还不太擅长开发周边产品，但以"邓波儿"命名的产品随处可见：邓波儿手帕、邓波儿服装、邓波儿肥皂、邓波儿彩画书、邓波儿鸡尾酒，连知名药膏曼秀雷敦上的小护士商标模特也来自于她。在经济大萧条中，美国社会还出现了一股争购"邓波儿洋娃娃"的热潮，销售总额达到4500万美元，不能不说是一个奇迹。

1940年，秀兰·邓波儿出演了自己的最后两部电影《蓝鸟》和《年轻人》。其中，《年轻人》看上去更像是对邓波儿从影近十年中自我成长的总结。

片中，她扮演一个孤儿，被两个杂耍演员收养。为了过上平静正常的生活，他们来到一个新英格兰牧场。但无论邓波儿扮演的女孩如何努力取悦、讨好当地人，却都无法消除对方的偏见和敌意，一家人的新生活也迟迟无法展开。

拍摄这部电影时，秀兰·邓波儿已经准备好和大银幕说再见，也即将和她无与伦比的童年说再见。随着她一步步走进独立而复杂的成人世界，大众也会渐渐忘记她的存在。秀兰·邓波儿最后这番矛盾交织的心情与《年轻人》中小主人公的纠结困惑不谋而合：她既渴望着平凡的生活，也渴望着辉煌的时刻，但这两者无法兼得。

好莱坞的纯真年代注定结束，美国大众对小天使的需要也终将淡去。秀兰·邓波儿已经长大，美国也同样跟着长大。大萧条的苦难尚未结束，二战的阴云已遮蔽天空，一场改变一切的大战即将撕下好莱坞的玫瑰色面纱。接下来的舞台，属于道德崩坏、人性扭曲的黑色电影。

⁞⁞⁞ 虎妈

　　1934年7月22日，邓波儿在父母的陪伴下与福克斯演出公司签下了新的合同。

　　但凡看过邓波儿生平事迹的人，就会发现在她身边有个无法忽略的人物，像幽灵一样挥之不去。这个人，就是秀兰·邓波儿的母亲格特鲁德·邓波儿。用现在的话说，这位格特鲁德女士是个"虎妈"。

　　出生于珠宝商家庭的格特鲁德·邓波儿从小梦想成为舞蹈演员，

但因为个子太高而不得不放弃了芭蕾梦。和那个年代的很多母亲一样，她把未偿的夙愿加诸在孩子身上。她先期盼着两个儿子帮她实现梦想，在得到明确的否定答案后，她把全部心思都转向秀兰·邓波儿。据说怀孕期间，她便报名参加踢踏舞班进行胎教。

虎妈的苦心没有白费，秀兰·邓波儿果然获得了非同一般的天赋。她在还不识字的时候就会背诵台词，融入故事情节做出表演对她来说就像过家家一样简单。当演对手戏的成年演员不停"吃螺丝"时，她能爽快利索地念完一长段台词，而且一遍通过。她在《蓝眼睛》里唱歌，在《小上校》里跳舞，自然本真的表演仿佛未经任何专业训练。在1988年出版的长达546页的自传中，秀兰·邓波儿更加细致地回忆了这份与生俱来的才能：

"任何舞台场景都会精确地布置灯光，我偶然发现我的面部皮肤对不同光源以及光线叠加造成的热度很敏感，我就试着在彩排中感受和记住这些不同的热度和走位之间的关系。依靠这个方法，我每次都能在正式拍摄时，一次性地走到准确位置……甚至能由此来调整我的头部姿势，以达到最佳效果。"

拍摄《小小姐马克》一片时，她的早熟吓坏了演对手戏的知名男演员阿道夫·门吉欧，以至于后者忍不住对记者抱怨："她正在让我变成配角！"

即使拥有如此天才，秀兰·邓波儿也有犯难的时候。有一次，她实在哭不出来，导演就骗她说："你的妈妈被一个很丑的人绑架了，那个人全身都是绿色的，还有一双血红的眼睛。"小邓波儿立刻被吓得哇哇大哭，导演趁机拍下需要的镜头。

这件事惹怒了虎妈格特鲁德。从此以后，她在片场不离女儿左右，每当小姑娘哭不出来，她便亲自上阵。秀兰·邓波儿在回忆录中这样写道："学会哭是一项必要的技能。为了让我哭出来，妈妈总是尝试各种方法。但也许因为我实在没有什么好难过的事情，所以常常没法流出伤心的眼泪，这时她就只能给我讲笑话，直到让我笑出眼泪来。"

虎妈在女儿身上打下的最深烙印莫过于那56个永不改变的发卷。小邓波儿曾公开抱怨过这个发型，她更想尝试阿梅莉亚·埃尔哈特那种凌乱的碎短发。阿梅莉亚·埃尔哈特是第一个飞越大西洋的美国传奇女飞行员，由此可见小邓波儿在内心深处对独立和冒险的渴望。但为了维持她这一经典形象的巨大价值，她终究没有做出任何改变。1938年，邓波儿曾在海德公园拜访罗斯福总统。当第一夫人埃莉诺·罗斯福邀请她一同游泳时，她拒绝了，理由是"这会弄坏我的发型"。

格特鲁德女士完成了一件在好莱坞几乎不可能完成的任务：她既培养出一个超级巨星，又时刻让这个巨星保持着高度自律。

▏ 政治甜心

2013年9月，秀兰·邓波儿位于加州圣莫尼卡的童年故居开价250万美元出售。挂牌上市后不到两周，匿名买家便以售价购入，一分价钱都没有还。

这栋西班牙风格的别墅建于1926年，约180平方米的三居室仍然原封不动地保持着秀兰·邓波儿居住时的模样。高高耸起的拱形屋顶上分布着大大小小的天窗，明亮的阳光倾泻在米黄色的硬木地板上，客厅墙壁上挂着一张面容安详的佛陀头像图。户外，藤制躺椅懒洋洋地搁在廊檐下，正对着葱绿整洁的开阔草坪，繁茂的杏树、苹果树和李子树沐浴着阳光，偶尔有风吹动树叶哗哗作响。这幅宁静的画面似乎可以作为秀兰·邓波儿一生的注脚。

20岁便经历了一次短暂的婚姻（丈夫是个酗酒的军官），又在人气暴跌后匆匆告别影坛，但秀兰·邓波儿并没有陷入怀旧颓废的藩篱。正如她在最辉煌的时候不曾变成飞扬跋扈、忘乎所以的童星，进入成人世界后的邓波儿也以冷静的头脑、坚定的意志牢牢把握着自己。

1950年，息影不到半年的邓波儿在夏威夷遇到拥有斯坦福和哈佛双重学历的企业家查尔斯·布莱克。吸取了第一次失败婚姻的教训，这次邓波儿先请时任联邦调查局局长的埃德加·胡佛对这个高材生的家底身世进行彻查。在确信这个男人"像苹果酱一样毫无杂质"后，她毫不犹豫地迅速下嫁，从此开启了一段历经55年岁月的美满婚姻。

这段婚姻带给秀兰·邓波儿一双儿女。她将家庭视为一生中最大的成就，地位甚至高于她在6岁时赢得的奥斯卡特别金像奖。但是，这位昔日的超级巨星并未就此沉寂。20年后的1969年，她再次出山了。这次，她的舞台是政坛。

幼年时的秀兰·邓波尔就极有政治领袖缘。在1947年的电影《那个哈根女孩》中，她将自己的银幕初吻献给后来的美国总统里根。英国的两个公主，伊丽莎白和玛格丽特，也是邓波儿的狂热粉丝，以至于那位"不要江山要美人"的温莎公爵每每提到自己的皇室家族，都会用"秀兰·邓波儿"来指代伊丽莎白公主。

邓波儿和罗斯福总统的渊源更是深厚。除了罗斯福那句著名的"只要我们还有秀兰·邓波儿，我们就没事"之外，总统一家都和她交集甚多。1938年，第一夫人埃莉诺为美国《电影》杂志撰文，透露他们看过秀兰·邓波儿所有的影片。当邓波儿应邀去白宫做客时，她甚至可以调皮地将小石子投掷在第一夫人的身上。

这种缘分在20年后发挥作用。尼克松任命秀兰·邓波儿成为第24届联合国代表大会代表。1974年福特总统又任命她为美国历史上第一位驻加纳大使，两年后出任美国第一位女礼宾司司长。1989年她最后一次为国家效命，被老布什任命为驻捷克斯洛伐克大使，见证了东欧历史的巨变。

一帆风顺的仕途背后，秀兰·邓波儿面临着个人健康的严峻考验。1972年，她患上乳腺癌，随后接受乳房切除手术。那个年代，多数女性都觉得患有这种病是自己的过错，不敢公开，但秀兰·邓波儿在病房里召开新闻发布会，成为第一个向公众坦露病史、并倡议防治乳腺癌的名人。

从22岁息影到85岁辞世，秀兰·邓波儿富有戏剧性的后半生淹没在那个永恒的踢踏舞甜心的阴影中，但这也是她留给世界的另一个礼物。

‖‖ "50岁的侏儒"

"身为世界上最出名的超级童星，在成长中真的没有留下一丝心理阴影吗？"

25年前，当秀兰·邓波儿的自传《童星》出版时，《纽约时报》书评人问出了存在于所有人心中的这一疑问。

好莱坞对儿童的腐蚀似乎已经变成铁律，从堕落的林赛·罗韩到失控的贾斯汀·比伯，没有人会相信，从好莱坞出来的童星能拥有一个健全的身心。

毫无疑问，秀兰·邓波儿有过一些晦暗的从影经历。

在大红大紫之前，邓波儿曾受聘于教育影业。这家小影视公司明显是个压榨童工的不良企业，他们让邓波儿在两年内出演了26部短片，每部片的拍摄时间只有两天。在这些短片中，有8部属于一个叫做《布勒斯克斯宝宝》的成人题材系列，原本应该由成年演员出演，但为了节省成本，教育影业前往邓波儿所在的米格林幼儿舞蹈学校挑选儿童来假扮成大人表演。

于是在这个系列中，年仅3岁的邓波儿脚蹬高跟鞋，身穿紧身衣，浓妆艳抹，完全是一副风骚女人的打扮。其中，《孩子们在非洲》这一集在种族歧视、暴力犯罪和性暗示方面都达到了令人发指的地步：幼小的邓波儿穿着黑色蕾丝胸罩和内裤，与一个黑人小男孩扮演的男佣一起准备去引诱新来的"华盛顿大使"。

教育影业的工作人员会把不听话的孩子关进小黑屋，并让他们站在一块冰上面。而秀兰·邓波儿就曾多次被关禁闭，还曾在耳鸣和脚踝受伤的情况下被迫表演。

这会给她造成心理阴影吗？答案是没有。在多年后的自传里，秀兰·邓波儿表示"就我自己能感知的程度而言，这些事没有对我的心理健康造成任何伤害"。

另一次性骚扰事件发生在秀兰·邓波儿即将进入青春期时。被福克斯放弃的她，转而被米高梅招纳。在第一次见到米高梅的制片人阿瑟·弗里德时，对方便拉开自己的裤子拉链，面对邓波儿暴露身体。对男性身体一无所知的她居然咯咯直笑，然后被对方赶出了办公室。

但这些都没有英国作家格雷厄姆·格林所作影评的杀伤力来得大，他称邓波儿为"50岁的侏儒"。

他先是认为《一月船长》有点下流："看起来，这个孩子大受欢迎的部分原因是类似成年女性的卖弄风情和在灯芯绒服装下半遮半露的早熟身体。"接着又在《威莉·温基》的影评中使用更刻薄的语言："童星的拥有者们就像房东，他们的资产每年都在缩水。赚钱的时间总是很有限，未来终将变得籍籍无名。对秀兰·邓波儿小姐而言，尤其如此。天真无邪只是一种伪装，她的魅力来自于更隐秘更成人的地方……她的崇拜者们（包括中年男人和牧师）在假装纯洁的故事和貌似天真的对话掩饰下，尽情释放对这具充满活力的小小的诱人身体的渴望。"

福克斯公司立刻提起诉讼，法庭判决格林赔偿名誉损失费3500英镑，而刊登影评的英国杂志《黑夜与白天》则直接破产。

在那本名为《童星》的自传里，秀兰·邓波儿用非常隐晦的方式重新提起了这个话题："作为童星，不可避免地要和各种各样的成年人亲密接触……我曾经坐过200个陌生人的大腿，有时候，这让我非常不愉快，但我没法拒绝。"

⫼ 不再过假面人生

讨厌秀兰·邓波儿的人还不止格雷厄姆·格林。

"一个典型的下午茶时间，人们一边蘸着草莓果酱吃全麦饼干，一边喝牛奶。杯子上印着秀兰·邓波儿的剪影，于是大家就不约而同地赞美起她的可爱来。但我没法加入他们，因为我恨秀兰·邓波儿。我恨她，不是因为我嫉妒她可爱，而是我嫉妒她能和比尔·罗宾逊（美国传奇黑人舞蹈家）一起跳踢踏舞。比尔·罗宾逊，本应是我的朋友、我的亲人、我的父亲，本应是我和他站在一起快乐地舞蹈。"

这是美国黑人女作家托尼·莫瑞森在童年时发出的悲鸣。她在《我所熟悉的秀兰·邓波儿》一书中，尖锐地指出"她一遍又一遍地唱着《好船棒棒糖》，却从来没有真正跟着节拍跳起舞来。在她出演过的40多部影片中，她只和白人拥抱和亲吻过；而和她最好的'朋友'比尔·罗宾逊，仅有的肢体接触只是牵手。"

考虑到当时美国黑人的地位远低于今天，这个指责显得过于严厉。作为第一个跨越种族的银幕牵手，秀兰·邓波儿已经触及那个时代的底线。但对于生来就低人一等、备受不公待遇的黑人孩子来说，心理创伤却也真实可触。

邓波儿对所有这些指责始终保持低调的态度，就像她轻易原谅了父亲瞒着自己挥霍掉上百万美元一样，"也许有人无法理解，但我的确既不觉得失望也不觉得气愤"。

1972年7月，秀兰·邓波尔出现在BBC（英国广播公司）的著名访谈节目巴金森秀上。时年48岁的她，已经放弃了56个发卷，代之以蓬松精干的短发。主持人问道："你如何看待明天？"她俏皮一笑，飞快地回答："我是一个乐观主义者，同时也是一个现实主义者……

我相信，这个世界会变得更好，人们会获得尊严。"

但是，那个疑问仍然存在于人们心中：为什么只有秀兰·邓波儿能逃离好莱坞对童星的诅咒？

也许，这要归功于她非同一般的早熟。当4岁的秀兰·邓波儿被关进小黑屋时，她就以天生的乐观和理智选择了进取而不是叛逆之路："这些教训让我知道，浪费时间等于浪费金钱，等于制造麻烦。把时间花在工作上，比站在一块放着冰的小黑屋里冻得耳朵疼要有趣得多。"

也许，这更应该归功于小邓波儿的虎妈。在秀兰·邓波儿即将年满12岁、电影票房开始下跌时，这位富有远见的女性毅然将她送入洛杉矶的私立韦斯特莱克女子学校。此前，小邓波儿一直在福克斯的一间教室里接受私人教师的单独辅导。

进入女子学校的第一天，邓波儿哭了。她看到教室里端坐着十几个女学生，身穿一模一样的校服。在事后的回忆中，邓波儿认为这段一度令她无所适从的经历帮助自己卸下了超级巨星的光环和重负。"我希望成为一个明智、谦卑和人格完整的人"，秀兰·邓波儿说，"因此我决定不再过假扮的人生"。

至少在女校的那一刻她相信，自己不过是这些女孩中的普通一员。

▌ 邓波儿语录

"14岁是我年纪最大的时候，自那以后我日渐年轻。"

"作为一个女人和一名外交官，我毫无疑问地受到重视。"

"没有联合国就得创造联合国，并不是只有我这么想。"

"我一天工作17个小时，管理大使馆108个工作人员。"

"所有明星都能被人类疯狂地崇拜，一点一点地吞噬。"

（2014.2.25）

李香兰：右眼自由奔放，左眼沉稳娴静

从"汉奸"到"中日友好"的名片，李香兰一生都为中日两重身份纠缠，始终无法战胜时代。

本刊特约撰稿/邓娟

66年前，孤城长春，国民党守军深陷包围。窗外风雨愁人，士兵梁振奋却苦中作乐，在给恋人的书信里聊起电影《万世流芳》，"居然在长春很叫座，主要是李香兰那首《卖糖歌》的效力"。

他对歌者赞不绝口：她在银幕上倒不很漂亮，可这副好嗓子足可压倒一切黄色人种女明星。听过李香兰，再听周璇、姚莉简直浅淡无味。

2011年，我在广州见到了87岁的梁振奋，曾经的身份令他饱受折磨，回首往事多沉默，唯有《卖糖歌》还愿哼上几句："断送了多少好时光，改变了多少人模样……"

李香兰的歌声是他青春岁月的见证，他们经历同一个时代，都被战争改写命运。

事实上，1948年的李香兰在中国已从风光的明星沦为舆论唾弃的对象。梁振奋记得，《万世流芳》长春放映时，《中央日报》发文声讨这部"敌伪遗毒"。即使在李香兰的祖国日本，她最经典的《夜来香》也被日本军队禁售，理由是软绵绵的中国情歌会使风纪紊乱。

在中国人眼里，她是中国人，却为日本效忠；在日本人眼里，她是日本人，却着中国装，唱中文歌。

左右为难的尴尬占据了李香兰的前半生，她在自传中写道："夹在相互争阋的母国中国和祖国日本中间，拼斗的火花溅满全身。我被生生撕裂。"在冲突的顶点，她遭遇过"以汉奸罪枪决"的审判。

回首已是百年身，2014年9月7日，94岁的李香兰在日本逝世。中国外交部发言人洪磊称"李香兰女士战后支持和参与中日友好事业，为此作出积极贡献"。

来自"母国"官方的追悼，对于这位传奇女性挣扎了一辈子的身份纠结，或许是最后，也是最好的慰藉。

因为眼睛大而圆，银幕上的李香兰获得了"金鱼美人"之称。

▥ 几乎忘掉国籍

日本人山口淑子成为"李香兰"是从1933年开始的。她记得那是中国的农历春节，13岁的她穿着大红衣裳，和伪满官员李际春"交杯饮酒，完成认亲仪式"，李用自己的笔名为新收的养女取名。

李际春是东北亲日派军阀，因"协助满洲建国"有功而担任沈阳银行总裁。他在北京同学会里有一个结拜兄弟，叫山口文雄，是山口淑子的亲生父亲。

认中国人做义父之前，山口淑子和这个国家已有不解之缘。她的祖父是汉学家，父亲早年来到中国，在"南满洲铁道株式会社"（简称"满铁"）教中文课。山口淑子生在中国，18岁才第一次回到日本——她后来的自传习惯表述为"去日本了""回中国了"，对她来说，日本是祖国，而中国是"母亲之国"。

在"满铁"，日本员工被要求学习中文，未获中文审定资格不能转正，资格越高薪水越多。山口淑子是父亲每晚课堂上唯一的小孩，日本人不擅长的卷舌和送气音，她学得比大人还快，小学四年级就通过了中文四级考试，六年级通过三级。

平静的生活被1931年的"九一八事变"腰斩，日本关东军炸毁南满铁路后栽赃中国军队，以此借口拉开了侵略的步伐。"15年战争就这样在我生活的城市附近爆发，并将我的前半生肆意摆布。"70多年后，在自传中，曾目睹"平顶山惨案"的山口淑子对映红玻璃窗的熊熊火光和中国人被砍头的血腥画面仍心有余悸。

平顶山事件中，有许多中国朋友的山口文雄因"涉嫌通敌"被日本宪兵拘捕，嫌疑解除后举家移居沈阳，被李际春安顿在姨太太家，山口淑子从那位裹着小脚的姨太太那里学会了京片子。不久，她得到第一个中文名：李香兰。

在李家住到1934年5月，对女儿寄予厚望的山口文雄决定让李香兰去北平投靠另一位显赫的政要人物——后来当过北平公安局长和伪天津市长的潘毓桂，名义同样是义父女，她多了一个中文名叫潘淑华。

对于两次认义父，李香兰解释："在当时的中国，关系亲密的家族间礼节性地过继养子的情况并不罕见。"但国内对李香兰为数不多的研究中，有论文作者指这是"以过继形式，试图要改变命运的伎俩"。

听起来确实蹊跷，两个义父都是政界人士，且都是不折不扣的汉奸，联系李香兰的"满铁"子弟出身和之后服务"满铁"投资的满洲电影公司（简称"满映"），诸多巧合未免有设计嫌疑。但若说设计，山口家给女儿的职业设计也是政府秘书而不是歌手演员。

她的中国文化基因似比日本血统更为凸显。她和北平女孩一样享受着流连北海公园、太庙和东来顺羊肉馆的欢乐时光。她说自己从来没有作为日本人的优越感，"在作为李际春的义女李香兰和作为潘毓桂的义女潘淑华的生活中……几乎忘记了自己的日本国籍"。

‖‖‖ 糖衣炮弹

在李香兰的生命里，来自俄罗斯的犹太姑娘柳芭占据着特殊的位置。柳芭最早为她和音乐牵线，无意中改变了山口文雄的规划。在沈阳期间，李香兰肺结核初愈，医生让她锻炼呼吸器官，柳芭提议她学声乐，并介绍了俄歌剧演员波多列索娃当她的老师。

"那孩子毫无天分，我教不了。"学院派女高音并不看好这位日后的红歌星，但经不住柳芭苦求。"倘若柳芭当时轻易放弃，恐怕我就不会成为歌手了……她此后亦曾多次出现在我人生中的重要场合，最后甚至救了我的命。"李香兰回忆。

13岁的李香兰越唱越好，得到在老师的独唱会上热场的机会。演出地点是"满铁"经营的高级酒店，观众都是知名人士。演出后第二个周六，"奉天广播局"科长东敬三找上门来。

当时日本在"满洲国"推行"日满亲善"怀柔政策，广播局筹划推出通晓两国语言、人靓歌甜的偶像演唱所谓的"满洲新歌曲"，日本血统的李香兰自然是比中国女子更合适的、不用担心背叛的人选。

山口文雄感到为难，但李香兰毕业于日本女子大学的母亲说"只是唱歌而已，也算为国效力"。于是赴北平之前，她不露面地在广播中演唱了《渔家女》《昭君怨》《孟姜女》等曲目。

虽然离开了日满的地盘，李香兰在北平仍受到他们不间断的关注。"北支派遣军司令部报道部"负责文化控制的特务山家亨常到潘家看望她，带她饱尝美食还给她零花钱。

无功不受禄，一天李香兰回到潘家，等着她的除了山家亨还有"满映"的山梨稔。

冲着"为电影配音"的李香兰被连哄带骗地带到"满映"，等着她的是"廉价喜剧"《蜜月快车》的女主人公一角。在片场的伙食，日本人吃白米饭，中国演员吃高粱。

李香兰以为拍摄结束就能解脱，但"满映"找到她的父母签订了专属合约，她成为"满映"第一女主角，接连拍摄多部日满宣传影片。

荧幕上，二九年华的她粉面桃腮，因为眼睛大而圆而有"金鱼美人"之称，两个国家的女性气质在她身上兼而有之，这种模糊和神秘增添了她的魅力，符合日本人对中国女人的想象。

她的角色无外乎是中国姑娘爱上日本男人，比如片名就带有感情色彩的《支那之夜》：中国少女桂兰被醉汉纠缠，为日本船员长谷所救并带回日本旅馆，日本老板娘和房客们热情接待，怀着仇恨的少女却表现抗拒，长谷打了她一个耳光说："醒醒吧，你要顽固到什么时候？"最后便是少女敞开心扉，陷入爱河。

"男人打过女人后，被打的女人觉察到男人的真心并最终因爱觉醒，这种表现手法在日本是说得通的。但对中国人而言，纵然只是在电影里，中国人被日本人殴打也是一种耻辱，何况被打的中国人还对日本人产生了好感。"多年之后，李香兰反省道。

不过演戏之余，她甜美的歌声，演唱的许多电影歌曲，已经在中国流传广泛。"满映"捧红的这枚糖衣炮弹，俘获了不少受众的心。

▓▓▓ 梦里不知身是客

虽然怀着祖国日本和"母国"中国互不冲突的念头，但非此即彼的现实选择从李香兰进入"满映"前便已显现。

寄居潘家就读北平女子中学时，整个学校只有潘家姐妹和另一名同学知道李香兰的身份，"若被人知道我是日本人——所谓东洋鬼子——会有生命危险"。

日本关东军的侵略愈演愈烈，北平常爆发反日游行，每当此时李香兰便惊慌失措地躲进小巷。同学间的交谈也开始频繁出现抗日字眼。一次李香兰被邀请到中南海公园参加学生茶会，其实是政治讨论会，有人问，倘若日军越过北平的城墙，大家怎么办？

有人说"参加国民政府军"，有人说"加入共军"，轮到低着头的李香兰发言，她说："我会站上北平的城墙。"她后来在自传中对此进一步解释："十六岁的我并未选择日本或中国，而是选择死在某方的枪口之下。"

中学女生李香兰以为可以选择中立的决心，在她成为电影女演员李香兰后，遭遇了种种意想不到的现实冲击，她对祖国和自己的认知都产生了动摇。

进入"满映"第二年，她作为日满亲善使节"访问"日本，尽管出发前夜兴奋得不能合眼，她的第一次祖国之行却并不愉快。因为她身份尚未公开，持日本护照，穿中国旗袍，出入境的官员训斥她"身为上等国民却穿下等服装"。

"我对祖国的幻想顿时破灭，心头开始滴血。"李香兰成了"没有故乡的人"，她的歌曲被中国官方视为"靡靡之音"，也被日本军方当做"颓废且挫伤士气的敌国音乐"而禁止。代表作《夜来香》尽管很受欢迎，但流行的时间不长，后来日文版和中文版都禁止出售，理由是任何一首外国的软绵绵的情歌都会使风纪紊乱。这首歌还让她被日本工部局传讯，他们不知道她是日本人，"怀疑我唱这首歌是期望中国（重庆）政府回来"。

其实她的身份并非全无破绽，但在一度被日本媒体报道之后，被"满映"以交换条件"公关"，没有在中国形成传播。

1943年，她参演《万世流芳》，在北平记者招待会后，一位年轻记者追过去问她：李香兰，你不是中国人吗？为什么演出《支那之夜》和《白兰之歌》那样侮辱中国的电影？她道歉说：那时我年轻不懂事，现在很后悔。在此向大家赔罪，再不干那种事了。周围的人们善意地报以掌声。

自传里，李香兰表示自己曾数次想公开身份。但当时，或许是"满映"的阻挠，或许也因为不够有勇气，她始终未把握主动坦白的机会。

⫼ 枪口逃生

发生在抗日战争胜利后的李香兰审判事件，是当时文艺界的一大新闻。

日本战败，伪满随之覆灭，曾为"满映"服务的一些人员被作为"文化汉奸"起诉，其中便有李香兰，因为她最知名，案件也最受关注。

她的罪名是"身为中国人，却和日本人共同拍摄冒充中国的电影，协助日本的大陆政策，背叛了中国"和"使用中日两国语言，利用朋友关系搞间谍活动"。

那年深秋，软禁中的她从佣人的报纸上读到"十二月八日下午三点对李香兰执行枪决"的消息。那天距离枪决日还有三周，"我始终无法忘记那段痛苦的日子，每当有车停在大杂院前，我就紧张得喘不过气。只要有人敲门，我就会吓得缩成一团"。

她所恐惧的日子到来了，但那天什么也没发生，反而是失联的昔日好友柳芭前来探望，并设法从山口文雄那里拿到了李香兰的日籍证明。

审判庭上出现了戏剧性的一幕，李香兰出示自己的日本户籍抄本证明，既然"汉"之身份不存，"汉奸"之罪也无法成立，鉴于她未参与演出之外的政治活动，法官当庭宣判无罪，观众席一片哗然。

据说，当听众愤然要求重申时，被告席上的李香兰泪流满面地唱起了自己的流行歌曲，一再鞠躬致歉，得到了中国人的宽容——这个中国式的感化片段，在她晚年的自传中并没有提及。

与"汉奸"李香兰其实是日本人同样令人意外的，还有"日本著名女间谍"川岛芳子原来是中国人金璧辉一事。这个清朝王爷的女儿被意欲借日本人之力"匡复清室"的肃亲王送给日本人做养女。

李香兰和川岛芳子曾有生活往来。在北平潘家期间,李香兰因宴会结识川岛芳子,"川岛似乎对我颇为赏识,频频叫我去玩"。

"川岛本是一名相貌妖娆且头脑聪明的女子,但那时的她既缺乏公主的矜持,又毫无目的,看起来似乎只是为了玩乐而玩乐。不知道她是在抵抗什么,还是在逃避孤独。"

川岛芳子最终没有逃过枪决,据李香兰晚年披露,川岛曾尝试向"日本义父"寻求一张假日籍身份证明以逃脱罪责,但未能如愿。

一个用中文名字的日本人,和一个用日本名字的中国人,在荒烟蔓草的年头,后者没有前者幸运。当然,川岛芳子也没有表现出那份虽然纠结但愿意反省的良知。

1946年,山口淑子被遣返回日本,当船驶离中国码头,收音机中飘出《夜来香》的歌声,这位歌曲的演唱者"忍不住全身颤抖"。

⫼ 此生名为李香兰

恢复本来身份的山口淑子在日本继续影视事业,她给自己起了一个艺名"香兰山口",她称这个名字为"中日混合物"。

20世纪50年代,她应香港邵氏电影公司邀请拍摄《金瓶梅》《一夜风流》《神秘美人》等电影,李香兰这个名字,又重新回归中国观众视线。

她的经历本就不比她演的故事逊色,她生逢的一面战火流离一面歌舞升平的时代,又让她与许多同具传奇色彩的人物,比如周璇和张爱玲有所交集，留下了鲜活的声像记录。人生遭遇和艺术生命的双双离奇，也让她成为不少影视剧的题材。

1994年周星驰执导并主演的《国产凌凌漆》虽然仍称李香兰为"汉奸"，却又安排了一场演奏歌曲《李香兰》的动人场景，这首实由张学友翻唱的歌词曲哀婉，"像花虽未红，如冰虽不冻，却像有无数说话，可惜我听不懂……"不了解李香兰的人，大概无法领悟那其中的痴情与忧伤。

不过，如果李香兰的经历仅限于此，那也不过是又一个周璇或川岛芳子或其他民国女人式样的故事。最大胆的编剧恐怕也写不出来的续集是，晚年李香兰先是成为日本电视台的女记者，深入中东和东南亚战地采访，会见名流政要，1974年，她又走上政坛，当了18年参议员。

前半生，她为时代所累，几乎成了"汉奸"；而后半生，她抓住时代，让自己成为"中日友好"的名片。"一个被时代、被一种虚妄的政策愚弄的人，如果噩梦醒来后，能有机会对当时的行为反思，或加以解释说明，也是幸福的。"

李香兰的魅力不只是美貌，还有往往因美貌而被忽略、但她最终证明了的坚韧。如同很多年前在北京饭店，旅居的日本画家梅原龙三郎为十几岁的她而作的《年轻女子像》，画出了两只不一样的眼睛——"你右眼神采自由奔放，左眼却沉稳娴静"。无论身份还是性格，这个女人有着神秘的许多面。

"山口淑子、李香兰、潘淑华、山口野莉、野口淑子、大鹰淑子……"在自传里，李香兰回忆了曾经拥有过的名字，"对我而言名字的更改不仅反映人生的转变，更意味着无法摆脱的烙印，那是我倾尽一生也无法战胜的'时代'"。

但"李香兰"无疑是其中最重要的一个。她的那本自传最终命名《此生名为李香兰》。

"一个被时代、被一种虚妄的政策愚弄的人，如果噩梦醒来后，能有机会对当时的行为反思，或加以解释说明，也是幸福的。"

被遣返回日本后，李香兰恢复山口淑子的身份，在中日两国出演多部电影。

‖‖ 涉政

1958年，离过一次婚的李香兰（山口淑子）与外交官大鹰弘结婚，改姓大鹰，退出演艺界。

1969年，49岁的大鹰淑子成为日本富士电视台的节目主持人，采访了阿拉法特、曼德拉等国际政要。

1974年，大鹰淑子在首相田中角荣的劝说下参加竞选，从此走上18年的参议院议员之路。

1975年，已是国会议员的大鹰淑子外出访问时路经北京，受到中日友好协会会长廖承志的接待。

1989年，丈夫去世后，她仍担任"亚洲女性基金"副理事长，希望促成日本政府向战争受害者、当年的从军"慰安妇"道歉赔偿。

2005年，她发表长文，劝诫日本首相小泉纯一郎不要参拜靖国神社，原因是"那会深深伤害中国人的心"。

（2014.9.25）